Georg Naundorfer
Selbstverwirklichung mit Mann

Überarbeitete und ergänzte Fassung 2015

GEORG NAUNDORFER

Selbstverwirklichung mit Mann

Der ultimative praktische Ratgeber
für die moderne Frau

Ein pädagogisch wertfreier Leitfaden

Bibliografische Information der Deutschen
Nationalbibliothek:
Die Deutsche Nationalbibliothek verzeichnet diese
Publikation in der Deutschen Nationalbibliografie;
detaillierte bibliografische Daten sind im Internet über
http://dnb.d-nb.de abrufbar.

Herstellung und Verlag:
Books on Demand GmbH, Norderstedt

ISBN 978-3-8370-9456-5

VERWENDUNGSHINWEIS

Dieser Ratgeber wurde als
Leitfaden der Grundlagenvermittlung
zur Selbstverwirklichung für die
bindungswillige moderne Singlefrau
entworfen.

Er wird unter Berücksichtigung der
individuellen Umstände als allgemeines
Schulungsmaterial für Frauen
der Werbeziel- und Altersgruppe
18 bis 39 Jahre
und auch zur eigenen individuellen
Weiterbildung im Selbststudium
empfohlen.

Prädikat: Pädagogisch besonders wertfrei.

Dieses Schulungsmaterial ist für Frauen
auch zur Vorbereitung
der gezielten Erziehung des Mannes
auf dem zweiten Bildungsweg
über die Frau geeignet.

Zum Geleit

Die Selbstverwirklichung der Frau ist in unserer Gesellschaft ein unbestrittenes Menschenrecht, dessen Verwirklichung der Mann abzusichern hat. Dieses Grundrecht auf Selbstverwirklichung der Frau ist nicht mit den Begriffen der Gleichberechtigung oder der Gleichstellung und auch nicht mit Emanzipation zu vermengen oder gar gleichzusetzen. Selbstverwirklichung ist mehr. Um sie zu erreichen braucht es mehr als nur die Kraft eines einzelnen Menschen.

Streben Sie also als Frau niemals danach, dieses Ziel für sich allein ins Auge zu fassen. Tun Sie es immer gemeinsam. Tun Sie es mit Mann. Wie Sie das angehen müssen, lesen Sie hier.

Es gibt kein harmonisches Zusammenleben von Frau und Mann, wenn es nicht seitens der Frau zielgerichtet gestaltet ist, wogegen sich der Mann wider besseres Wissen oft sträubt. Er täuscht meist mangelnde Zeit vor, obwohl es nicht stimmt. Er hat Zeit. Hier setzt Ihre unverzichtbare Aufgabe als Frau an, der Sie sich konsequent stellen müssen.

Schon der bekannte Pädagoge Dr. Daniel G. M. Schreber (1808 – 1861), der Initiator der Schrebergartenbewegung und Direktor der orthopädischen Heilanstalt zu Leipzig hat in seinem richtungsweisenden Werk „Das Buch der Erziehung an Leib und Seele" die These verfochten:

Durch beharrliches und richtig durchdachtes Wollen
kann der Mensch weit mehr, als er glaubt.
Er muss nur den Glauben an sein Können
mit umsichtiger Berechnung steigern.

Gerade für Sie als Frau muss das der wichtigste Kernsatz Ihres Lebensplanes sein, wenn Sie beabsichtigen, ihn umzusetzen und sich mit Hilfe des Mannes zu verwirklichen.

Benutzungshinweis für diesen Leitfaden und zusammenfassende Inhaltsangabe

Benutzungshinweis

Lesen Sie diesen Ratgeber nicht in einem Zug durch, sondern blättern Sie bei Bedarf nur etwas darin und lesen Sie auch dann nicht ganze Seiten, sondern nur kurze Abschnitte. Es wird Ihnen sonst nicht bekommen. Das ist wie mit der Bonbonniere. Wenn Sie alles auf einmal in sich hineinzustopfen versuchen, dann wird Ihnen schlecht. Zumindest werden Sie einen zeitweiligen Widerwillen gegen Süßigkeiten davontragen. Also: Immer mit Ruhe und Geduld. Und immer eine Sache nach der anderen. Beharrlichkeit, das ist es, was Sie brauchen. Sie werden mehr davon haben, wenn Sie sich zügeln, und als Dame werden Sie sich doch keine Gier nachreden lassen wollen. Es wird Ihnen nichts verderben und man wird es Ihnen auch nicht „wegfuttern" können, wie das bei Pralinen oft passiert. Sie werden auch so nichts verpassen. Weisheit wird nicht mit Löffeln gefressen. Es ist mit der Weisheit genau wie in der Homöopathie: Die Sanftheit der Dosis und das Durchhalten der Behandlung ist das, was die Wirkung gewährleistet. Nicht die Treibjagd oder die Wahl der größten Waffe ist die erfolgversprechendste Methode. Gewalt verstört nur. Mit Stellnetzen und Fallen fangen Sie auf Zeit viel mehr, und verschrecken auch das Wild nicht so sehr. Wozu brauchen Sie das in seinem Blut liegende erschlagene Mammut. Das bewältigen Sie sowieso nicht allein. Und dann: Alle Tage Mammut? Ein saftiger Hasenbraten, in der Schlinge gefangen, ist lange nicht so zäh. Wer sagt Ihnen denn, dass Sie nicht jeden Tag anderes und vor allem frisches Wildbret haben können, auch mal einen Fasan, ein Rebhuhn, vielleicht auch einen Rehbock. Die Bäuerin holt sich auch regelmäßig ganz beiläufig eins ihrer Hühner oder einen Hahn, um daraus Hühnerbrühe zu kochen. Die überbleibenden Hühner vertrauen ihr trotzdem weiter, weil sie eben nicht wissen, was dieses beiläufige und *fast liebevolle Eingefangenwerden für sie bedeutet. Das Leben ist keine Idylle, aber machen Sie sich Ihres dazu. Für sich selbst. Und natürlich mit einem Mann und vor allem mit seiner Hilfe.*

Inhaltsangabe

Dieser Ratgeber enthält nur für Frauen gedachte Hinweise zu nachstehenden Bereichen und Zielstellungen im Bezug auf ihre eigene Selbstverwirklichung mit Mann:

- *Eine Einführung in die Problematik der Selbstverwirklichung als Frau einschließlich einiger unkonventioneller Alternativangebote.*

- *Wie man sich den Traummann angelt, ihn erzieht, hegt und pflegt, an der Leine behält und ihn sich zur Dankbarkeit verpflichtet, damit er sich auch willig in Ihr Selbstverwirklichungsprogramm einbauen lässt.*

- *Voraussetzungen, die Sie selbst entwickeln müssen, um dieses Ziel zu erreichen und es auch dauerhaft absichern.*

- *Wie Sie das diplomatisch anstellen, um dabei verschiedenen Ihnen gefährlichen Fallen zu entgehen.*

- *Die Gestaltung des psychischen Umfeldes für den Mann, um eine artgerechte Einzelhaltung des freilaufenden Individuums als Lebens-abschnittsgefährte in einer sogenannten Intimgruppe der Zweierbeziehungsgemeinschaft zu gewährleisten, damit er für Ihre Zwecke immer nutzbar und auch gebrauchsfähig bleibt.*

- *Hinweis auf Besonderheiten bestimmter noch männlich dominierter Lebensbereiche, wie beispielsweise Straßenverkehr, wo der Frau eine Sonderrolle vorbehalten ist, die sie aber kennen muss, um sie sich nutzbar zu machen.*

- *Den Erläuterungen zu auf überkommenen Relikten beruhenden spezifischen Riten, deren Befolgung heutzutage von der Frau noch verlangt wird, ist mehr Platz eingeräumt. Das sind die Gebiete der Haushaltführung, der privaten Mobilität und ähnliches. Diese werden besonders ausführlich behandelt.*

- Besonderer Wert wird darauf gelegt, wie Sie sich als Frau damit arrangieren, um das unaufwendig und nutzbringend für sich gestalten zu können. Außerdem wird auf naturgesetzlich und genetisch bedingte psychische Besonderheiten des Mannes hingewiesen, die generell zu beachten sind, weil sie genetisch bedingt, und deshalb erzieherisch kaum zu ändern sind.

Generelles zu diesem Ratgeber

Dieser Ratgeber ist für Frauen universell. Lassen Sie sich in dieser Überzeugung nicht beirren, von niemand und nichts. Geistiges Beharrungsvermögen und Durchsetzungsvermögen sind das Einzige, was bei der Umsetzung von Ihnen verlangt wird, dann schaffen Sie es auch, ihn erfolgreich zu benutzen.

Die Auflistung der Ratschläge und Regeln ist nicht alphabetisch nach Stichworten vorgenommen, sondern nach ihrer Wichtigkeit und damit den Prioritäten, die Sie den jeweiligen Komplexen zuordnen. Das erleichtert Ihnen das Nachschlagen. Wichtige Problemkreise finden Sie also ganz vorn und die unwichtigeren ganz hinten abgehandelt, wobei Sie Wichtigkeit und Notwendigkeit auseinanderhalten müssen. Was Ihnen nötig erscheinen mag, ist vielleicht für Ihre Selbstverwirklichung unwichtig, und was Sie hier vielleicht finden wollen, brauchen Sie gar nicht zu wissen, weil Sie sich damit gar nicht erst abgeben sollten.

Wenn Ihnen einer der aufgelisteten Ratschläge nicht zusagt, dann blättern Sie am besten gleich weiter. Irgendwo steht dann schon etwas was Ihnen gefällt. Im Zweifelsfall ignorieren Sie den Hinweis und tun etwas anderes.

Sollten Sie zu einem Sach- oder Fachgebiet überhaupt keine Hinweise finden, dann bedeutet das, dass Sie in diesem Falle ganz Ihrer eigenen Intuition folgen können und volle

Handlungsfreiheit haben. Das gilt auch in Fällen, in denen Sie vielleicht keine Zeit haben, erst lange nachzusuchen, oder falls Sie Ihre Brille verlegt haben oder das Glas nicht gleich finden, in dem Sie Ihre Kontaktlinsen normalerweise aufbewahren. Sie können dann als Frau nichts falsch machen. Irgendwelche abweichenden Meinungen Anderer zu dem, was Sie dann angerichtet haben basieren nur auf Neid und missgünstiger Einstellungen gegenüber Ihrer erfolgreichen Strategie.

Vergessen Sie nie, dass man nur Mitleid umsonst geschenkt bekommt. Neid muss man sich hart erarbeiten, aber Tatkraft wird immer belohnt. Zumindest dem Vorwurf sind Sie dann nicht ausgesetzt, dass Sie untätig gewesen wären oder etwas verbummelt hätten.

Um gleich am Anfang zu vermeiden, dass Sie eine falsche Vorstellung von dem bekommen, was Sie hier erwartet, der Hinweis: Sie werden zu Ihrer direkten Selbstverwirklichung keine konkreten Ausführungen finden, weil die Selbstverwirklichung an sich als höchste Form der weiblichen Individualität gilt, und es tatsächlich keine zwei identischen Ausbildungsformen davon gibt. Sie wechselt in ihrer Erscheinungs- und Ausbildungsform von Frau zu Frau.

Jeder Ansatz für eine Definition oder Anleitung wäre dann einer anmaßenden Bevormundung gleichzusetzen und liefe also auf eine Uniformierung weiblicher Kreativität hinaus und damit am Ziel vorbei. Was am Ende die konkrete Ausformung Ihrer selbstverwirklichten Individualität ist, wissen nur Sie selbst ganz allein.

Um aber bis zu diesem Punkt zu gelangen, an dem Sie für sich ansetzen können, bedarf es diverser einheitlicher Vorbereitungsarbeiten und die Verinnerlichung von Maximen, die naturgesetzlicher Art, also allgemeingültig sind. Gelehrt wird hier der Weg und der methodische Ansatz bis zu dem Punkt, an dem Sie dann mit der individuellen Selbstverwirklichung ansetzen können.

Prinzipielle Einführung in die Methodik

Zuerst müssen Sie wissen, welche Möglichkeiten Sie überhaupt haben. Sie wählen dann aus und überlegen, ob und welches Risiko Sie eingehen wollen. Sie könnten doch sonst nicht einschätzen, was Ihnen das wert ist, und dazu müssen Sie wissen, was Ihnen eventuell auch blühen kann.

Ich rate Ihnen als erstes dringendst davon ab, nach irgendwelchen Ihnen bekannten Schemata oder gar auf wissenschaftliche Weise an das Thema Selbstverwirklichung heranzugehen. Da geraten Sie mit Sicherheit auf eine schiefe Bahn, denn Wissenschaft wurde in den letzten Jahrhunderten fast ausschließlich von Männern betrieben. Was könnten die Ergebnisse einer solchen einseitigen Untersuchungsmethodik Ihnen als Frau schon an Lösungsmöglichkeiten bieten.

Der sogenannte Wissenschaftler geht zwar ganz richtig davon aus, dass Selbstverwirklichung nur gemeinsam gelingen kann, aber was hätten Sie von dem Ergebnis der Wechselseitigkeit der Unterstützung, wenn es im günstigsten Fall nur auf Gleichberechtigung und dabei auf Gleichmacherei hinausliefe. Vor allem spricht der Wissenschaftler bei Mann und Frau *(in dieser Reihenfolge)* in einer irrigen Voreingenommenheit von Paarungssystemen, die er zur Grundlage seiner Forschung macht. Das dürre Ergebnis solchen Forschens möchte ich Ihnen nicht vorenthalten. Es stellt sich dann so dar:

Es gäbe insgesamt nur die vier verschiedene Paarungssysteme beim Menschen, ein monogames und drei polygame. Infolge dieser einseitigen Gedankenfixierung würden Paarungssysteme auch einzig auf die Erzeugung von Nachwuchs abzielen und ausschließlich der Reproduktion der menschlichen Rasse dienen, was schon eine Unwahrheit ist:

Das monogame Paarungssystem:

Beide Geschlechter haben während der Fortpflanzungsperiode nur einen Fortpflanzungspartner. Oft kümmern sich beide Elternteile um eventuelle gemeinsame Kinder.

Die drei Varianten der Polygamie:

Da hätten wir als erstes die *Polygynie,* auch unter der sogenannten Haremsbildung bekannt. Bei dieser Variante sichert sich der männliche Partner den Zugang zu mehreren weiblichen Partnern. Die Pflege eventueller Kinder ist üblicherweise dann die Aufgabe der Frauen.
Das zweite polygame Paarungsmodell ist die *Polyandrie.* Da verfügt die Frau über mehrere Männer als Sexualpartner. Die Pflege der daraus entstehenden Kinder ist dann die gemeinsame Aufgabe der Männer.
Das dritte Modell ist die *Polygynandrie.* Da sind mehrere Frauen und Männer in einer Fortpflanzungsgemeinschaft vereinigt. Alle Mitglieder dieser Gemeinschaft sorgen dann mehr oder weniger gemeinsam für die gemeinsamen Kinder.

Zusammenfassend in verständliches Deutsch übertragen: Wir haben also die sogenannte *Monotonie,* den *Frauenharem,* den *Männerharem* und die *Patchworkkommune.*

Es gibt aber noch eine meist verschwiegene aber flächendeckende Form des Paarungsverhaltens. Das ist die *Promiskui-*

tät. Da haben Frauen und Männer zahlreiche Sexualpartner. Es werden dabei keine Paarbindungen eingegangen. Eventuelle Kinder sind dann meist Reizpunkte für Streitigkeiten und gegenseitige Unterstellungen, die oft nur gerichtlich geklärt werden können. Würden Sie als Frau sich auf solche schematischen Systeme einlassen, dann können Sie es auch gleich sein lassen, sich selbst zu verwirklichen. Sie würden doch nur das nachmachen, was schon erstarrte Routine ist. Vor allem ist das alles aus dem Gesichtswinkel der Vermehrung und Arterhaltung der menschlichen Rasse angedacht, was ein entscheidender Hinderungsgrund für Sie als Frau bei Ihrer Selbstverwirklichung sein kann. Das läuft günstigstenfalls auf Emanzipation hinaus. Und eine emanzipierte Intelligenzbestie, das ist es wohl nicht, was Männern vorschwebt, wenn sie auf Brautschau sind.

Dass Sie damit bei Männern nicht punkten können, ist Ihnen bestimmt schon bewusst geworden. Erörtern wir es gar nicht erst. Sollte man Ihnen aber mit solchem Kram kommen, dann suchen Sie sich schleunigst andere Gesellschaft. Das Leben kann doch so interessant sein.

Beispiele der engeren Wahl mit Einschätzung der Realisierungswürdigkeit

Es sind so viele Ratgeber über die moderne Beziehung zwischen den Geschlechtern auf dem Markt, dass am Ende eine Frau, die sich kundig machen will, ihr Leben damit zubringen könnte, diese Literatur zu lesen und auszuwerten. Ob sie dann etwas daraus gelernt hat, merkt sie erst in der Praxis und auf die wird sie, wie ich gerade zu demonstrieren versuchte, mit diesen Ratgebern nicht vorbereitet.

Im Gegenteil, man versucht sie damit auf Abwege zu führen und ihr Denken in patriarchalische Bahnen zu leiten.

Was nützt denn alle Erklärung, wenn man nicht gesagt bekommt, wie man Nutzen daraus zieht. Dieser Ratgeber ist anders. Hier gelten andere Kriterien. Es wird Ihnen nicht geraten, es eventuell so oder so, oder einmal anders zu versuchen, sondern ganz konkret festgelegt, was Sie, und wie Sie es tun sollten, um Nutzen daraus zu ziehen.

Die erste Voraussetzung, die Sie verinnerlichen müssen, ist die unerschütterliche Meinung, es lebe sich als Frau mit Mann grundsätzlich besser, schöner, vielleicht auch sicherer, nicht immer glücklich, auch nicht immer sorgenfrei, bestimmt aber erheblich bequemer als ohne.

Und zweitens: Die Selbstverwirklichung der Frau kann nur mittels Mann vollständig erreicht werden. Sollten Sie anderer Meinung sein, dann hätten Sie diesen Ratgeber besser nicht gekauft und lesen auch lieber nicht weiter.

Das Leben mit Mann ist eine historisch gewachsene Sache des Zusammenlebens der Geschlechter, aus der Horden- oder Sippengemeinschaft hervorgegangen und hauptsächlich wegen der damit klarer feststellbaren Fortpflanzungsverhältnisse gesellschaftlich und vor allem verwaltungstechnischen Gründen bevorzugt akzeptiert. Die gesetzlich am besten durchgearbeitete rechtliche Form nennt man „Ehe". Es gibt jetzt neben der traditionellen Ehe auch die Legalisierung des Zusammenlebens von Lesben und Schwulen, aber das ist nur eine nachholende Ergänzung des sogenannten Eherechtes aus dem unbewusstem Neid der sich dadurch benachteiligt Fühlenden heraus, obwohl es dessen überhaupt nicht bedarf.

Auch das Zusammenleben von Frau mit Mann bedarf streng logisch keiner Legitimation irgendwelcher Art und die aus dem Gewohnheitsrecht hervorgegangenen und erlassenen staatlichen Bestimmungen dazu sind nur beamtete Verwaltungsakte, deren Rechtsfolgen uns oft ungewollt zu schaffen machen. Eigentlich stellen diese Gesetze nur noch eine gute Einkommensquelle für Rechtsanwälte dar. Einen tieferen Sinn werden auch Sie nicht dahinter finden.

Um sich mittels Mann zu verwirklichen, müssen Sie zuerst einmal einen haben. Ob Sie den nun Mann, Ehemann, Partner, Gatte, Geliebter, Freund, Lover oder so nennen, das können Sie halten wie Sie wollen. Hier ist das nebensächlich. Es geht um den Mann als Individuum, als Einzelwesen und wie man sich das als Frau beschafft, an sich bindet und anschließend durch gerichtete Erziehung brauchbar und dienstbar macht.

Sie werden sich jetzt fragen, warum Sie den erst erziehen müssen. Das ist eine sehr wichtige Frage, auf die Sie selten und nur in Ausnahmefällen eine richtige Antwort bekommen. Ich gebe Sie Ihnen:

Schule besucht der Mensch doch auch nicht, um sich zu bilden, sondern weil es die gesellschaftliche Konvention verlangt, um ihn dort für die Gesellschaft hierarchisch steuerungsfähig abzurichten und dabei darauf zu dressieren, dass er seine Aggressionen höchstens noch heimlich auszuleben versucht, er also nach außen hin, in der Öffentlichkeit, verhaltensmäßig mehr oder weniger stromlinienförmig passfähig auftritt.

Das ist eine Wahrheit, die Ihnen auch ein Lehrer nur ungern bestätigen wird und meist selbst nicht kennt. Der überkommene Satz, dass man nicht für die Schule, sondern für das Leben lernt, hat vor allem diesen unangenehmen realen Hintersinn.

Im Endeffekt hat das jedes Mädchen schon im Blut und dieses angeborene Wissen wird in der Schule unter Anleitung der Lehrerin nur noch verfestigt. Jungen lernen in der Schule den Lehrstoff und wie man ihn anwendet, um später als fleißige Familienväter einmal eine Familie ernähren zu können. Deshalb ist jeder Mann, der Ihnen begegnet deshalb noch nicht fertig. Er ist eine Baustelle für Sie, der Sie sich fürsorglich annehmen müssen, sonst wird das nix. Hier steht, wie Sie diesen für Sie von der Schule vorbereiteten Mann für sich als Frau steuerungsfähig machen.

Klare Verhältnisse sind also wichtig. Die schaffen Sie zuerst bei sich selbst, und zwar in ihrem Kopf. Arbeiten Sie zuerst und zwar frühzeitig an sich selbst. Alles andere ist unwichtig. Das ergibt sich dann, wie Sie in der Praxis sehen werden, ganz von allein. Wenn Sie als Erzieherin keinen Plan und keine Übersicht haben und sich selbst nicht zu disziplinieren vermögen, dann hat alles keinen Sinn, was Sie unternehmen. Sie werden es nicht schaffen. Seien Sie sich zuerst über Ihre Motive im Klaren, reden Sie nicht darüber, sondern setzen Sie dann Ihre daraus gewonnenen Absichten durch. Behalten Sie die Ziele, die Sie erreichen wollen, ständig im Auge. Der Erfolg ist Ihnen dann sicher.

Solche Parolen, wie ihn die Psychologie zurzeit im Angebot hat, wie: *Arbeiten Sie mit ihm an Ihrer Beziehung.*, das frisst nur Zeit und wertet den Mann zu sehr auf, weil er dann glaubt ein Mitspracherecht zu haben. So kommen Sie nie ans Ziel. Selbst ist die Frau. Falls Sie diese Erfahrungen noch nicht selbst gemacht haben sollten, hier ein prinzipieller Beweis:

In der psychotherapeutischen Praxis können Sie erst dann davon ausgehen, geheilt zu sein, wenn Ihre Vorstellungen restlos von den Vorurteilen bereinigt sind, die Sie sich angelesen, die Pädagogen, beste Freundinnen, die Medien, Lehrkräfte, Personaltrainer, Gurus, Ihre Vorgesetzten, der Postbote, die näheren Verwandten, Geschwister, irgendwelche Handwerker oder sonstige Dienstleister, die Werbung und auch Ihre Eltern im Laufe Ihres Lebens in Ihnen zu verfestigen versucht haben. Erst wenn Sie imstande sind, das, was Sie wollen, im erbarmungslosen Licht der Realität

Ihrer eigenen begrenzten Möglichkeiten zu betrachten, dann können Sie auch die Ansprüche abgrenzen, die Sie sich leisten können. Nun zum Thema:

Zuerst: Das Wort Beziehung sollten Sie zwar nicht aus ihrem Wortschatz, aber im Bezug auf den Mann aus Ihrem assoziativem Gedächtnis streichen. Beziehung, das ist es nicht, was Sie brauchen und der Mann auch nicht. Beziehung, das riecht nach Gleichberechtigung. Ihr Verhältnis zu einem Mann sollte generell hierarchisch sein, mit Ihnen an der Spitze. Dann kommt erst der Mann, falls Sie noch kein Haustier oder schon eigene Kinder haben, die Sie noch vor ihm einordnen können. Das heißt heutzutage nicht zu Unrecht „Gleichstellung". Der Mann ist Ihnen höchstens gleichgestellt. Wozu er dann berechtigt ist, bestimmen Sie.

Um mit Mann zu leben, bedarf es einer klaren Ordnung in allen Dingen. Er derjenige, der an der Leine zu laufen hat, und Sie diejenige, die Leine gibt oder nicht. Verinnerlichen Sie das, oder Sie werden scheitern. Immer, wenn er nicht parieren will, sprechen Sie allerdings sehr eindringlich von Ihrer „Beziehung" zu ihm, und dass er diese Beziehung nicht gefährden darf, weil ihm das Nachteile bringt. Lassen Sie ihn daran arbeiten. Da hat er zu tun. Lange genug angewendet, glaubt er das am Ende wirklich.

Zweitens: Der Mann ist kein Wildwuchs. Er ist aber noch nicht erzogen, höchstens verzogen, eventuell auch verwahrlost. Meist ist er verbildet. Da wird seine Mutter, also Ihre eventuelle Schwiegermutter, falls es die noch gibt, ganz anderer Meinung sein. Es ist aber so. Sie werden bei der Erziehung Ihres Partners demzufolge erst einmal eine Müllberäumung seiner bisherigen Vorstellungswelt vornehmen müssen. Dabei werden Sie auf Widerstände treffen, wo Sie nie welche vermuten würden. Die Schwiegermutter wird versuchen, Ihnen wenigstens im Tagesgeschäft in den Arm zu fallen, aber da müssen Sie durch. Immer. Der Bereich der Haushaltführung ist in diesem Ratgeber deshalb in Ihrem Interesse und zu Ihrem Schutz etwas ausführlicher dargelegt, da jede Schwiegermutter ihren Angriff auf Sie aus dieser Richtung beginnen wird. Man muss den Feind kennen und ihn auch durchschauen können, um ihn effektiv zu bekämpfen, ihn zumindest mit seinen Absichten ins Leere laufen lassen.

Drittens: Erziehung ist gleichzeitig Erziehung zur Antiautorität. Sichern Sie das ab, indem Sie dem Mann beibringen, dass er eingreifen muss, wenn von Ihnen jemand etwas will, was Sie nicht akzeptieren können, wenn sich also Andere Ihrem unerschütterlichen Willen entgegenstellen sollten. Ganz gleich, um wen es sich handelt, in Ihrem Interesse darf er vor keiner Art von Autorität einknicken, wenn Sie das nicht erlauben. Das muss Ihr eisern zu verfolgendes Erziehungsziel sein. Er muss wissen, was ihm Ihrerseits blüht, wenn er sich Ihnen nicht unterordnet, oder sogar versagen sollte. Das darf Ihrerseits ruhig etwas bedrohlich eingeübt werden, und mit entsprechenden drastischen Strafandrohungen untersetzt sein, damit es besser sitzt.

Viertens: Bringen Sie ihm bei, wer in prinzipiellen Dingen das Sagen hat. Das ist nicht er. Das sind Sie. Lassen Sie ihm allerdings Bewegungsspielraum. Es geht nicht immer genau so, wie Sie sich das vorstellen. Gegen manche Naturgesetze sind auch Sie als Frau machtlos. Manchmal hat er da eigene und vielleicht schneller realisierbare Ideen, um Ihnen Ihre speziellen Wünsche zu erfüllen. Sagen Sie ihm also, was Sie unbedingt haben müssen. Wie er das dann macht, ist seine Sache. Der Vorteil dieser Methode ist: Er fühlt sich von Ihnen angenommen und eingebunden, kreativ gefordert und nicht etwa bevormundet, ausgegrenzt, oder gar benutzt. Soweit vorerst einmal das Wichtigste, was Sie unbedingt verinnerlichen müssen. Es wird Ihnen bei der zumindest erst einmal provisorischen Einrichtung Ihrer Lebensumstände mit Mann sehr von Nutzen sein.

In anderen Ratgebern, da wird meist im Interesse irgendwelcher ethischer Prinzipien herum geschwafelt und verwaschen um den heißen Brei geschrieben, aber ganz konkret werden Sie nichts finden. Am Ende steht dann immer, dass Sie es nun ausprobieren sollten und man wünscht Ihnen viel Glück dabei. Das ist dann wie mit dem Trockenschwimmkurs. Den hält zur Not noch ein Nichtschwimmer mit Ihnen ab, wenn er eine entsprechende pädagogische Ausbildung genossen hat, oder noch nicht einmal das. Wenn Sie dann anschließend am Beckenrand stehen um zu springen, dann sind das schließlich Sie, die dann Wasser saufen geht und nicht der.

Es ist also gut, wenn ein Ratgeber für alle Lebenslagen, wenn er schon in verantwortungsloser Form vorliegt *(Jede schriftliche Richtlinie ist verantwortungslos, weil der Autor schließlich nur der am Wegesrand stehende Wegweiser ist und nicht der mitwandernde Expeditionsleiter.)*, wenigstens kurz und knapp ist und sich nur auf konkrete Fälle bezieht, zu denen er auch genau so konkrete Abhilfe anbietet. Das ist hier der Fall. Im Erste-Hilfe-Handbuch wird auch nicht erst das Wunder des Lebens abgehandelt. Da steht auch nur ganz konkret, was es zu tun gibt und wie das zu tun ist, wenn man Leben retten will.

Eine bestimmte Gruppe von Frauen ist mit diesem Ratgeber nicht angesprochen, aber selbstbewusst, modern und vorurteilslos müssten Sie schon sein. Wollen Sie fest mit beiden Beinen auf den Boden der Tatsachen stehen? Dann tun Sie das. Und wenn man Ihnen ab und zu einen Knüppel zwischen die Beine werfen sollte, dann sollte es wohl so sein. Das gehört nun einmal zum Leben dazu. Ohne Kampf kein Sieg. Stehen Sie anschließend wieder auf und lassen Sie sich nicht weiter beirren. Spielregeln gelten eh nur für die anderen. Tabus sind etwas für verklemmte Charaktere. Mit Tabus können Sie allerdings sehr gut die Bereiche abstecken, in denen sich der Mann bewegen darf. Sie werden also keinerlei Vielleicht oder irgendwelche vagen Empfehlungen, sondern nur knallharte Fakten und Regeln vorfinden, mit denen Sie auch etwas anfangen können.

Ich empfehle Ihnen, diesen Ratgeber dort aufzubewahren, wo Sie auch Ihr geheimes Tagebuch deponiert haben. Falls Sie also beim Tagebuchschreiben in irgendwelche Gefühlskonfusionen kommen sollten, haben Sie gleich die Medizin greifbar.

Ganz wichtig in diesem Zusammenhang ist die Erreichung des Zieles: Die finale präsentable Vorführung des domestizierten Objektes Mann unter Ihrer Aufsicht in der Öffentlichkeit. Das muss am Ende unbedingt klappen, sonst waren alle Ihre Bemühungen umsonst. Daran werden Sie heutzutage gesellschaftlich als Frau und als Persönlichkeit gemessen. Dazu sind auch Ihre Aura und Ihr Auftreten von Wichtigkeit. Im Zirkus ist das Outfit des Dompteurs auf alle Fälle das kostbarere und auffälligere und wenn das Dressurpferd noch so gut frisiert und geputzt ist, das Reitgeschirr, der Sattel und der Frack, dazu der Zylinder des Reiters oder das Reitkleid und der Schmuck, auch die Frisur der Reiterin, machen erst die Vorführung wirksam. Sie werden deshalb auch ein paar notwendige Hinweise dazu finden, was Sie diesbezüglich für sich selbst tun können und was Ihnen gleichzeitig die Erziehung des Mannes erleichtert.

Wir leben in einer Gesellschaft, in der ziemlich alles geregelt ist und diese Regeln auch befolgt werden. Vergessen Sie aber nie, dass es sich beim Mann nicht immer um einen domestizierten Freigänger handelt, oder um für Ihre Zwecke vorbehandelte Exemplare, die es darauf anlegen, geangelt zu werden, sondern auch um Exemplare, die noch keinen Besitzer haben, sich den auch nicht wünschen, deshalb ungenügend auf Sie vorbereitet sind, sogar Ihnen feindlich Gesinnte, ohne dass das sofort erkennbar wäre.

Man findet vereinzelt sogar noch wild lebende Einzelexemplare. Das ist manchmal fließend. Daraus folgt die Notwendigkeit für Sie, die Spielregeln und Vorurteile zu kennen, nach denen diese Gesellschaft der Männer funktioniert. Das haben Sie besonders ausgeprägt auf den Gebieten des Beuteschemas, in dem Sie sich anfangs als Köder tarnen müssen und im Bereich der Mobilität, ich nenne da nur die Begriffe „Auto" und „Straßenverkehr". Das ist wie im Zoo. Denken Sie immer daran, dass Sie zwar die Wärterin und damit Oberbefehlshaberin sind, sich aber nie ohne Not in irgendwelche Streitigkeiten zwischen den Affen einmischen sollten.

Ich empfehle Ihnen auf alle Fälle, sich beim Mann jeweils nur ein Objekt zu Gemüte zu führen und auf dieses ihre ganze Aufmerksamkeit zu verwenden. Auch wenn das dann ein Nacheinander werden sollte, die Erfolgsquote ist auf alle Fälle höher, als wenn Sie sich mit mehreren gleichzeitig verzetteln. Was Sie aber dabei brauchen, ist vor allem Geduld und Selbstvertrauen, um Erfolg zu haben.

Wie das geht, wurde schon frühzeitig erprobt und wie aus einer ziemlich hoffnungslos erscheinenden Situation die Chance zum Aufstieg entstehen kann, ist auch durch das nachstehende historische Beispiel belegt:

Der Herzog von Saint Simon, ein Mitglied des französischen Hochadels am Hofe Ludwigs XIV. hat in seinen Memoiren die letzte Frau dieses Königs, die Frau von Maintenon, die er eigentlich als Repräsentant des dienenden Adels und als Mitglied des engeren Gesellschaftskreises um den König zu verehren die Pflicht hatte, in späteren Jahren auf dem Höhepunkt ihrer Macht in einer internen Porträtstudie zu charakterisieren versucht.

Er schreibt ihr folgende Eigenschaften zu: Unverschämtheit, Frechheit, Habgier, Neid, Intriganz, Dreistigkeit, Eitelkeit, Geiz, Streitsüchtigkeit, Gefräßigkeit und Feigheit. Allgemein schätzte er sie als sehr anspruchsvoll und anmaßend ein. Zeitgenossen bestätigten seine Einschätzungen. Er nimmt da kein Blatt vor den Mund. Man möchte meinen, dass er sie hasst, aber, dumm, faul, ungeschickt, bösartig, verantwortungslos oder ungerecht nennt er sie nie. Er hasst also, trotzdem er ein Mann ist, mit Maß. Manche Dinge sehen aber nur für den Außenstehenden, und das ist er als Mann schließlich, so brutal aus. Wie kam diese Frau in diese Position?

Sie war, als sie an den Hof kam, die 34jährige Witwe des Dichters Scarron und wurde als Kindermädchen für die acht Kinder Ludwigs angestellt, die er von seiner Mätresse, der Marquise von Montespan damals schon hatte. Sie stieg dann infolge des über die Kinder unausweichlichen Kontaktes mit dem König aus dieser untergeordneten Stellung, unter Verdrängung der Montespan, obwohl sie fünf Jahre älter war als diese, zur Mätresse Ludwigs auf. Sie ließ sich vom König ebenfalls zur Marquise erheben, die Markgrafschaft Maintenon schenken und heiratete ihn schließlich. Sie trat zwar dann öffentlich in Erscheinung, hütete sich aber, selbst öffentlich Politik zu betreiben. Ludwig nahm wichtige Staatsgeschäfte aber nachweisbar nur in Angriff, nachdem er sich mit ihr beraten hatte.

Die Krönung ihres Lebenswerkes war die Gründung der heute noch berühmten französischen Mädchenbildungsanstalt von St.-Cyr. So wurde aus der ursprünglich aus ärmsten Verhältnissen stammenden bürgerlichen Witwe Scarron am Ende die Markgräfin, die Marquise Francoise d'Aubigné de Maintenon, die morganatische Gattin Ludwigs XIV., des Sonnenkönigs von Frankreich.

Alle Intrigen und sonstigen Versuche, sie dem König verhasst zu machen schlugen fehl. Er liebte sie nach ihren eigenen späteren Angaben rückhaltlos und führte mit ihr eine sehr harmonische Ehe, obwohl alle am Hofe sich einig waren, dass er unter dem Pantoffel dieses als Schlange und bösartige Hexe verschrienen Drachens stünde. Sie überlebte ihn und starb im hohen Alter, angesehen und hochverehrt. Niemand wagte ihr zu Lebzeiten öffentlich etwas Unehrerbietiges nachzureden.

Überlegen Sie bitte: Wenn sie es tatsächlich geschafft hat, sich mit diesem Cocktail an Verhaltensweisen praktisch aus dem Nichts heraus und ohne jede höhere Bildung den damals mächtigsten König Europas zu angeln und dann zu dominieren, dann muss man sich wirklich wundern, dass es noch niemand eingefallen ist, daraus eine entsprechende Strategie abzuleiten, wie eine Frau das generell anstellen muss, um immer obenauf zu sein, sich also selbst zu verwirklichen. Vielleicht wird das in St.-Cyr auch gelehrt. Wer weiß. Es ist schließlich eine Mädchen*bildungs*- und keine *Erziehungs*anstalt. Außerdem waren und sind die durch diese Schule gegangenen Französinnen seit jeher für ihr diplomatisches Geschick bekannt. Sie sollten es wenigstens versuchen, dieser Marquise nachzueifern.

Männer wissen, dass man beritten schneller vorankommt. Dazu braucht man aber ein Pferd. (Gut, jetzt meist ein Auto, aber mit dem Pferd lässt sich das Folgende besser erklären.) Frauen wissen das auch, aber für das schnellere gesellschaftliche Vorankommen benötigt Frau heutzutage, meistens immer noch einen Mann (und eben keinen Roboter.). Suchen Sie sich also ein geeignetes Objekt Ihrer Begierde, legen Sie es sich zu, satteln Sie es und beginnen Sie ihren Aufstieg. Wer weiß schon, warum schon alle kleinen Mädchen Pferde so lieben ... Das ist bereits genetisch so angelegt. Handeln Sie nie gegen Ihre Natur.

Sie leben in einer Welt der Männer, die von Frauen beherrscht wird, ohne dass die Männer das vermuten. Die

Männer haben sich eine Hierarchie geschaffen, in der sie gegeneinander um ihre Plätze in der Gesellschaft rangeln. Die wollen da keine Frau sehen und auch nicht mit ihr um die Plätze kämpfen. Sie sehen das als ihre Welt an, in der sie miteinander um ihr Ansehen bei den Frauen kämpfen, und um sonst nichts anderes. Wenn Sie als Frau alles verinnerlicht haben, was Sie hier noch lesen werden, dann werden auch Sie mir Recht geben, dass es für Sie als Frau unsinnig wäre, da mit in den Ring zu steigen.

Der Mann ist Ihnen körperlich meist überlegen, aber geistig nicht. Sie brauchen demzufolge zur Steuerung des Mannes nur diplomatisches Geschick. Das haben Sie auch beim Pferd. Es muss stärker sein als Sie. Es würde sich sonst nicht lohnen, es zu beherrschen. Es hat auch einen größeren Kopf als der Mensch, aber nur, um sich das, was Sie ihm beibringen besser merken zu können. Wie wollten Sie ihm denn sonst beibringen zu gehorchen. Man muss es erziehen, damit es etwas leistet und man etwas davon hat. Damit es nicht durchgeht, verlangt seine Behandlung deshalb auch anfangs viel Mühe und Geduld. Das Pferd muss schließlich auch Vertrauen in Sie gewinnen. Deshalb müssen Sie sich ihm gegenüber so darstellen, als seien Sie nicht sein Herr, sondern sein Partner und Vertrauter. Dass Sie es erschießen lassen würden, sobald es sich ein Bein bricht, das braucht es nicht zu wissen. Beim Pferd, wie auch beim Mann ist da die Taktik am besten, die man „Zuckerbrot und Peitsche" nennt. Dass das gar nicht so schwer ist, wie es anfangs auszusehen scheint, können Sie ganz leicht überprüfen, schließlich wird nicht zu Unrecht vermutet, diese Sachen seien auch beim Menschen genetisch richtig angelegt.

Gehen Sie zu einem beliebigen Kinderspielplatz. Sie werden da ganz schnell mitbekommen, wie schon die kleinen Mädchen sich die Jungen gefügig machen, und gar nicht lange fackeln, wenn die nicht parieren wollen. Da setzt es neben normalem Verschiss durch Spielverweigerung, lautstarke Proteste und sonstige Ausgrenzung noch Hiebe, Steinwürfe, Sandschippenschläge und Schienbeinstöße. Auch sonst müssen die Jungen sich einiges gefallen lassen. Das macht die Vorbildwirkung, die ihnen schon zuhause vorgelebt wird. Papa kuscht schließlich auch, wenn Mama gerade ihre Ausraster hat. Hier ist deutlich spürbar, wie die Praxis der neuen Bestimmungen gegen die Gewalt in der Ehe auf fruchtbaren Boden gefallen ist und auch schon in die Welt der Kinder Eingang gefunden hat, zumindest die Kinder sie schon ihrer Welt angeglichen haben. Wenn Sie also bei der Erziehung des Mannes alles richtig machen, dann wird er anschließend ewig an Ihren Lippen hängen, um nicht zu verpassen, was Sie ihm zu offenbaren gedenken und auch stets auf dem Sprung sein, Ihre ausgefallensten Wünsche zu erfüllen. Und noch eins: Engagieren Sie sich nicht zu stark. Schonen Sie wenigstens sich selbst. Haben Sie Geduld. Geben Sie nie auf. Beginnen Sie immer wieder von vorn, bis es endlich sitzt. Es wird sich auszahlen. Für Sie.

Nun kann es durchaus sein, dass Sie bereits in sogenannten sehr geordneten Verhältnissen leben, vielleicht schon da hineingeboren sind, eingebettet in eine Familienverband, ein enges geschäftliches, gesellschaftliches und auch materielles Beziehungsgeflecht, in dem alles bereits vorbestimmt und geregelt ist, auch die bestimmten Notwendigkeiten untergeordnete weitere Familienpolitik bis hin zum künftigen Ehepartner und dem späteren Platz in der Hierarchie des jeweiligen Clans. Das soll es ja geben.

Wenn Sie es richtig betrachten, auch wenn Ihr Familienclan für Außenstehende noch so groß und unübersichtlich erscheinen sollte, an irgendeiner Stelle finden Sie bestimmt eine Frau, die alle die Fäden in den Händen hält, an denen die Puppen tanzen. Auch in diesem Falle dürfte Ihnen dieser Leitfaden nicht ganz unnütz sein. Methodisches kann man nie genug verinnerlichen. Und wenn es nur ab und zu ein Denkanstoß ist, vielleicht sollten Sie auch einmal für sich analysieren, wie sie das macht. Es wird Sie geistig bereichern und Ihren Horizont erweitern. Das ist aus uralten Zeiten herrührendes Herrschaftswissen, was sich Frauen immer wieder voneinander abgeschaut haben, weil es einfach nichts Besseres gibt, um wirkliche Herrschaft auszuüben.

Letzter Hinweis für Emanzipierte und Alleinerziehende

Sollten Sie bereits emanzipiert sein, dann hilft Ihnen dieser Ratgeber nicht mehr. Es gibt darin auch keine Hinweise zum Ausbau dieser Lebensauffassung, weil solche Dinge wie die Emanzipation nur für Singles interessant sind, die keinerlei Bindungen mehr einzugehen gewillt sind, sich in ihrer Einsamkeit selbst versklavt haben und in einer Traumwelt ihrer falschen Vorstellungen von sich selbst gefangen sind.

Emanzipation ist ein Vorurteil, welches sich aus dem Nachäffen der Männerwelt durch dafür veranlagte Frauen entwickelt hat. Legen Sie konsequent alle emanzipatorischen Verhaltensweisen ab. Sie geraten sonst unweigerlich in das Beziehungsgeflecht der Männerwelt und müssen sich dann auch an deren Regeln halten.

Wahre Selbstverwirklichung, Unabhängigkeit und Freiheit können Sie für sich und auch nur mit einem Ihnen absolut ergebenen Mann erringen. Oder sind Sie wirklich scharf darauf, alles, aber auch wirklich alles selbst machen zu wollen, was der Ihnen und für Sie besorgen kann? Emanzipieren können Sie sich anschließend immer noch, wenn sie darauf absolut nicht verzichten wollen.

Ebenso ungeeignet ist dieser Ratgeber für Sie als eventuell von sich und ihren Lebensumständen überzeugte Alleinerziehende, gleichgültig, wie viele Kinder von wie vielen Partnern sie im Moment schon haben. Sie werden es nie schaffen, die Erziehungsregeln für den Mann konsequent durchzusetzen. Warum? Dann überlegen Sie mal ...

Selbstverwirklichungsmethoden

Selbstverwirklichung mit Pferd

Viele Mädchen versuchen heutzutage schon sehr früh fast instinktmäßig die Selbstverwirklichung und verfallen nach der Phase Meerschweinchen / Hamster / Kaninchen /Katze oder der mit Hund dann meist auf die mit Pferd. Mangels anderer Sponsoren sind sie da betreffs der Finanzierung meist noch auf die Bereitwilligkeit ihres Vaters oder einer anderen spendierfreudigen Person angewiesen. Manche Familie hat dann irgendwo ein Pferd „*in Pflege*" stehen. Davor sind Sie später als Frau auch nicht gefeit. Falls eine Frau sich ganz aus sich heraus und total unabhängig von anderen mittels Pferd verwirklichen will, dann muss sie bestimmte Dinge wissen, die ihr mit der Zeit als unerfreulich, wenn nicht sogar lästig in die Quere kommen werden. Im Normalfall wird heutzutage ein Pferd nicht mehr gekauft, sondern gemietet. Sie wollen es schließlich nicht ihr ganzes Leben auf dem Hals haben und es nach Ablauf der Nutzungsphase noch jahrelang als Kostenfaktor über das Gnadenbrot durchbringen müssen. Sogar an den Mann bindet man sich heutzutage nicht mehr auf Lebenszeit. Der Vermieter des Pferdes ist meist auch dessen Besitzer und der des Hofes, wo es untergebracht ist. Eine Tiefgarage als Abstellplatz für ein Pferd zu nutzen hat sich als unzweckmäßig erwiesen. Nicht deshalb,

weil das Pferd schmutzt, sondern wegen der Enge der Stell-
plätze. Schlägt es einmal versehentlich aus, dann haften Sie
für die Schäden an den umstehend abgestellten Autos.

Der Vermieter lässt sich demzufolge das Vorhandensein
des Pferdes in seinem Stall nach Zeit bezahlen. Er berechnet
die Benutzung seines Stalles durch das Pferd, das ihm gehört.
Er berechnet Ihnen das Futter, welches sein Pferd frisst, weil
Sie es gemietet haben. Er lässt in Ihrem Auftrag dem Pferd
tierärztliche Untersuchungen und Medizin zukommen, damit
sein Pferd gesund bleibt. Er ermutigt Sie, das Pferd, was
Ihnen nicht gehört zu versichern, um im Unglücksfall ihm
das Pferd wenigstens finanziell ersetzen zu können. Als Mie-
ter des Pferdes zahlen Sie, falls Sie es nicht selbst tut oder
können, auch für das Ausmisten des Stalles und die Abfuhr
und Entsorgung des Mistes sowie die regelmäßige Fütterung
des Pferdes. Sollte es Ihnen nicht möglich sein, das Pferd
regelmäßig zu bewegen, indem Sie die Tätigkeit des Reitens,
weswegen Sie es überhaupt gemietet haben zufällig infolge
Unpässlichkeit, anderer gesellschaftlicher Verpflichtungen
oder der Wetterlage, auch bei im Moment fehlendem Interesse nicht selbst wahrnehmen können, zahlen Sie zusätzlich
noch für einen Reiter, den der Besitzer Ihnen im Bedarfsfall
auch noch stellt. Junge Mädchen lernen so zwar, dass es für
die Erfüllung ihrer Wünsche im Leben eigentlich keine finanziellen Grenzen gibt, und dass der erfolgreiche Versuch,
dem Papa ein Pferd abzuschmeicheln eine gute Übung für
später ist und als Maßstab für den Umgang mit dem späteren
Mann herhalten kann.

Habe Sie das Pferd tatsächlich gekauft, dann haben Sie
außer den ganzen vorgenannten Kosten auch noch den ganzen Aufwand der Organisation noch zusätzlich mit auf dem
Hals und wenn Sie es dann verkaufen wollen, werden Sie
merken, dass Ihnen niemand etwas dafür bezahlen will, weil

ein Pferd angeblich nur kostet. Wie viele Arten von Handycaps ein Pferd haben kann, ist in jedem Buch über Pferdezucht nachlesbar. Und sie werden erst in dem Moment merken, was für einen elenden lahmen Krippensetzer man Ihnen angedreht hat, wenn Sie sich einmal aus momentan zwingenden Gründen genötigt sehen sollten, Ihr stolzes rassereines und stammbuchregistriertes Vollblutreitpferd tatsächlich verkaufen zu müssen. Halten Sie auch in Ihrem ganz eigenem Interesse unbedingt die Reihenfolge ein: Erst den Mann und erst dann, und auch nur über ihn, das Pferd. Sollten Sie nämlich das Pferd schon vorher haben, dann sieht er sich finanziell hinterher nur selten in der Pflicht. Merken Sie sich einfach, dass die Selbstverwirklichung mit Pferd zwar eine gute Trainingsvariante ist, aber sobald das auf ein Singledasein mit Pferd hinauslaufen sollte, dann ist es die niedrigste Form der Selbstverwirklichung, die Sie damit erreichen können. Das können Sie immer noch haben, und zwar in jedem Alter und auch wenn Ihnen im Leben alles andere danebengegangen sein sollte.

Selbstverwirklichung mit Chef

Diese Variante der Selbstverwirklichung ist die lukrativste und auch die kostspieligste für das von Ihnen erwählte Objekt. Das ist die höchste Form der Selbstverwirklichung, die Sie anstreben sollten, sofern Ihnen möglich. Ein Mann, mit Einfluss, der Ihnen also gleichzeitig Macht, Geld und Ansehen, vielleicht sogar die öffentliche Demonstration dieser drei Dinge bieten kann, ist allem anderen vorzuziehen. Alle anderen Modelle der Selbstverwirklichung sind zwischen diesen beiden gerade vorgestellten Extremen angesiedelt.

Spezielle Selbstverwirklichungsmodelle

Ihnen jetzt das Selbstverwirklichungsmodell Ehe zu erläutern, werden Sie von mir nicht ernsthaft erwarten und ich werde es auch nicht versuchen. Davon haben Sie schon lange genug geträumt und es wird in allen einschlägigen Liebesromanen und Filmen zur Genüge abgehandelt und angepriesen. Hier geht es um die Erweiterung Ihres Horizontes und dazu gehören natürlich Alternativangebote. Da wissen Sie gleich, was Sie eventuell als Ausweichvariante wählen könnten, wenn Ihnen der konventionelle Trott nicht zusagt:

Neues amerikanisches Standardmodell

Da Amerika und da speziell die Vereinigten Staaten seit langem eine gesellschaftliche Vorbildwirkung auf Europa ausüben, stelle ich sie an den Anfang meiner Erörterungen. Die letzten veröffentlichten Studien über die Familie in den USA und zwar speziell deren Zusammensetzung bei der jüngeren Generation haben folgende bahnbrechenden Entwicklungen aufgedeckt. Dass es sich dabei um Entwicklungen in den sozialen Unterschichten der Großstädte handelt, sollte Sie dabei nicht stören. Diese Schicht stellt einen Großteil der Bevölkerung der USA und ist deshalb auch repräsentativ für den amerikanischen „Way of live".

Da hat man neuerdings immer eine Frau, die mit ihren von verschiedenen Männern stammenden Kindern von Sozialhilfe lebt und dazu einen Lover, der meist der Vater eines der Kinder ist. Der lebt zeitweise mit dieser Familie zusammen und unterstützt sie finanziell. Die mit der Zeit anwachsende Zahl der Kinder und der regelmäßige Wechsel der Lover wären das Kennzeichen dieser sich ständig vergrößernden Bevölkerungsgruppe. Die Vermehrung dieser

Zweckgemeinschaften laufe auch ganz reibungslos, indem sich die Mädchen aus diesen Familien bei Erreichung des erforderlichen Alters mit ihrem ersten Kind und zugehörigem Lover selbständig machten, so wie auch in der Wirtschaft durch Ausgründungen Tochterunternehmen entstünden, die dann wiederum für sich Sozialhilfe beantragten und dann den von zuhause gewohnten Kreislauf mit dem Kinderkriegen und dem Loverwechsel auf der nächsten Generationsebene starteten. Man kam bei Auswertung dieser Tatsachen zu dem Schluss, dass es sich hierbei um ein sehr stabiles soziales Modell handeln müsse, weil es sich doch ganz von allein entwickelt hat, sich durchzusetzen vermochte und auch immer noch in Ausbreitung befindet. In den USA hat man die Stabilität dieses Modells infolge von Parallelen aus dem Wirtschaftsleben als solches gleich erkannt. Immer wenn eine Firma fast pleite ist, nimmt sie bekanntlich an der Börse neues Kapital auf, um weiter wirtschaften zu können, lockt am besten einen Großanleger in die Falle, damit sie nicht alle Tage mit ihren Aktienangeboten auf die Straße muss, und wenn er dann, weil man beispielsweise mit seinem Geld eine Tochterfirma ausgegründet hat, oder er aus einem anderen Grund plötzlich schon wieder Pleite ist, geht man eben wieder an die Börse und sucht sich den nächsten Lover. Je nachdem in welchen sozialen Verhältnissen Sie leben, wenn dieser Form der weiblichen Selbstverwirklichung im Moment auch noch asoziale Züge nachgesagt werden, dann handelt es sich nur um die Spiegelung noch nicht überwundener Vorurteile unserer Gesellschaft gegen über dem Neuen. Es ist auf alle Fälle ein sehr bequemes Modell für starke durchsetzungsfähige Frauen in einer sich ausbreitenden Welt des Lohndumpings und es ist sehr zukunftsträchtig, vor allem wenn Ihnen die Möglichkeiten sich direkt einen Millionär zu angeln, zeitweise verbaut sein sollten.

Gynäkologisch gestützte Variante

Die heutige Entwicklung der Familie ist in Europa ausgehend und im Vergleich mit dem bürgerlichen Ideal von Existenz schaffen, heiraten, Kinder aufziehen, welches noch aus dem neunzehnten Jahrhundert stammt, auch nicht gerade auf sehr konservativen Pfaden unterwegs. Sofern man es sich finanziell leisten kann, weicht das schon stark ab. Da kann es beispielsweise neuerdings vorkommen, dass der Bräutigam bei der Hochzeit seine Verwandten und übrigen von ihm geladenen Gäste denen der Braut in der Reihenfolge vorstellt: *„Das ist meine Mutter, das ist mein Vater, das ist der Samenspender meiner Mutter, das ist meine Leihmutter und das ist Doktor Müller, ein Freund unserer Familie, der mich zur Welt gebracht hat."*

Dann stellt die Braut ihre Verwandten und die ihr sonst wichtigen Leute denen des Bräutigams vor: *„Das ist meine liebe Mutter, das der erste geschiedene Mann meiner Mutter und gleichzeitig mein Adoptivvater, das ist der geschiedene zweite Mann meiner Mutter, das ist der jetzige Lebensabschnittsgefährte meiner Mutter, das sind meine beiden Geschwister aus der ersten geschiedenen Ehe des zweiten Mannes meiner Mutter, die er damals mit in unsere Familie eingebracht hat, und das, Mutti, sag' schnell, ich hab's vergessen ..."* - *„Aber Kind, sei nicht so aufgeregt, das ist doch dein ..."* - *„Ach ja, ich weiß es jetzt wieder. Das ist mein leiblicher Vater, und das seine Frau, die mich geboren und zur Adoption für meine Eltern freigegeben hat."*

Das ist aber nicht der Weg, den die Allgemeinheit geht. Da wird auch heute noch ohne jede Grundlage das Schema der früher vom Adel verfochtene und praktizierte Blutlinienzucht vorgetäuscht, ohne dass es noch etwas damit zu tun hätte. Denken Sie auch daran, wie stark sogar der Adel zurzeit unter materiellen Zwängen davon abweicht, wie oft so ein Prinz eine reiche Erbin aus dem Bürgerstand heiratet und wie gut das neuerdings mit der Titelübertragung per Adoption schon läuft. Das kann nicht der Weg sein.

Um diese Unsinnigkeit mit einem Beispiel aus der Tierwelt zu illustrieren: Wenn eine Lipizzaner-Stute beispielsweise ein Eselsfohlen adoptiert, bzw. von einer Eselin ihr Fohlen austragen lässt, wird schließlich auch kein rassereines Rennpferd daraus. Da kann sie sich anschließend noch so viel Mühe bei der Erziehung geben.

Da wird sich eher das amerikanische Modell durchsetzen. Darüberhinaus läuft das Endergebnis auch der neueren europäischen Varianten immer wieder auf den alten Zopf der bürgerlichen Ehe hinaus und die ist nun wirklich kein Selbstverwirklichungsmodell für Frauen.

Generationengestütztes Frauenmodell

Seit der 68er-Revolte laboriert man allerdings in Europa noch mit Übergangslösungen des Zusammenlebens, die sich in den WGs herausbilden, aber meist keinen Bestand haben. Stabiler ist schon das Experiment mit Generationenfolgen. Das sieht dann so aus: *„Großmutter, Mutter, Tochter, Enkelin."* Alles Mädchen und alle unzertrennlich untereinander verschworen, aber in ewiges Gezänk miteinander verstrickt in einer Wohnung oder in einem Haus lebend. Weit und breit kein Mann in Sicht, der auf Dauer damit zusammenleben wollte oder will, mit keiner von denen, auf keinen Fall mit allen zusammen und schon gar nicht unter einem Dach. Das pflanzt sich zwar auch fort, ist aber objektiv betrachtet für keines ihrer ausschließlich weiblichen Mitglieder befriedigend. Dieses Modell empfehle ich Ihnen zumindest als Frau auf gar keinen Fall.

Zukünftig zu erwartende Entwicklungen

(Tibetische Polyandrie)

Es gibt auch andere und nicht so bekannte Methoden des familiären Zusammenlebens, die sich glänzend bewährt haben, seit Jahrtausenden praktiziert werden und trotzdem nicht allgemein verbreitet sind, die nicht sehr nach Selbstverwirklichung aussehen, trotzdem ihre Vorzüge haben und auch noch Entwicklungspotential besitzen.

In den abgelegenen Hochtälern und kalten Dürregebieten der Hochebenen Mittelasiens, in Tibet, da gibt es beispielsweise die Familientradition auf der Basis der „Fraternalen Polyandrie". Wenn Sie sich das übersetzen erhalten Sie etwas Ähnliches wie „Brüderliche Vielmännerei".

Das müssen Sie tatsächlich wörtlich nehmen. Ausgehend von den dort herrschenden harten Lebensbedingungen war es einem Mann schon in früheren Zeiten kaum möglich eine Familie zu ernähren. Das hatte nichts mit zu niedrigen Verdiensten und zu hoher Besteuerung zu tun, wie man das jetzt bei uns auch schon flächendeckend erreicht hat, sondern mit der Kargheit und Unfruchtbarkeit, dem Klima dieser Gegend, die ihre Bewohner nur mühsam ernährt.

Man legte also im Verband der Großfamilie zusammen und kaufte eine Frau. Es war dabei durchaus üblich, dass für mehrere Brüder gemeinsam eine Frau gekauft wurde, die dann ihnen allen zusammen gehörte. Gemeinsam konnten sie sie ernähren. Die Frau führte ihnen den Haushalt und alle zogen anschließend gemeinsam die Kinder der Frau groß, die sie ihr gemacht hatten.

Man wird bei näherer Betrachtung einer solchen Großfamilie, die sich anschließend in gleicher Form weitervermehrte nichts Schlechtes finden können, höchstens Ungewohntes. Die dort Wohnenden finden nichts Anstößiges an ihren Sitten. Das ist genauer besehen auch nur eine Variante, wenn nicht sogar eine Weiterentwicklung des vorher beschriebenen amerikanischen Familienmodells, wenn auch seine auf den ersten Blick verneinte Umkehrung auf patriarchalischer Basis, ohne es sein zu müssen, oder wie man das sonst noch kompliziert ausdrücken könnte.

Dieses Modell wurde zu Hippiezeiten gerade dort von den europäischen Pilgern aus der direkten Anschauung heraus wegen seiner Einfachheit spontan übernommen und mit zeitweise sehr gutem Erfolg nachgenutzt, solange sich noch zu wenige Mädchen bereit fanden mit in diese Weltgegenden mit auf Reisen zu gehen. Sobald es nach einiger Zeit bei so einem Gruppeneheversuch aber um die Zuordnung der Kinder ging, kam es vor allem bei den männlichen Mitgliedern allerdings oft zu Konflikten, weil man vergessen hatte, diese Gemeinschaften ordentlich registrieren zu lassen und verständlicherweise auch keine Kaufpreise gezahlt worden waren. So konnte neben dem fehlenden traditionellen Zwang auch kein pekuniärer wirksam werden. Was nichts gekostet hat, ist eben auch nichts wert. Die Zahl der kinderreichen alleinerziehenden Frauen nahm damals schlagartig zu. Solchen Experimenten müssen Sie als Frau eine unbedingte Absage erteilen, solange sie gesetzgeberisch noch nicht ausreichend abgesichert ist.

In Hinblick auf die derzeitige Lohnentwicklung, die es aber oft sogar vollbeschäftigten Männern kaum ermöglicht einen eigenen selbständigen Hausstand zu finanzieren, geschweige denn, eine Familie in Betracht zu ziehen, ist aber dieser Form des Zusammenlebens in Zukunft eine nicht unwesentliche Rolle auch in unserer Gesellschaft vorbehalten. Es gilt die vorhandenen Kräfte, vor allem die der Männer zu bündeln. Es kommt bei dieser Art des Zusammenlebens nur darauf an, wer letztlich zu Hause die Hosen an hat, weil es sonst nicht funktioniert.

Ergänzender Hinweis

Es heißt übrigens bei den derzeitigen neuen Entwicklungen des menschlichen Zusammenlebens nicht mehr „Familie". Es heißt jetzt „Intimgruppe". Da bringen sie Gott sei Dank endlich alles mit unter, was in ihrem Umfeld jemals miteinander verwandtschaftliche, sexuelle und sonstige Berührungspunkte hatte. Die letzten der von mir vorgestellten Familienvarianten ordnen sich da alle nahtlos mit ein. Der Begriff der Moral hat dadurch auch mehr Möglichkeiten gültig zu bleiben, wenn er begrifflich erweitert wird. Der Begriff der Liebe wurde ja bereits stark ausgeweitet, aber der Begriff der wahren Treue auf die Intimgruppe bezogen ist doch etwas anderes, als zu der Zeit, in der man ihn noch auf die direkte Ehe begrenzte. Entscheiden Sie sich, nachdem ich Ihnen einige Möglichkeiten dafür angetippt habe, für eine Ihnen zusagende Variante der Selbstverwirklichung und halten Sie die dann aber auch durch.

Unbedingte Klarstellungen

Bevor Sie als Frau, und darum werden Sie nicht herum kommen, sich an die schwere Aufgabe machen, für Ihre Selbstverwirklichung einen Mann einzufangen, an sich zu binden und zu erziehen, sollten Sie sich über einige Dinge klar werden, um später nicht verunsichert zu sein.

Das Erste ist, zu wissen, was man überhaupt will. Es geht hier um nichts geringeres, als um Ihren Lebensplan und wie

Sie den gestalten wollen. Der Kauf dieses Ratgebers beweist, dass Sie diesen Lebensplan mittels eines Mannes zu realisieren gedenken. Das ist ein sehr vernünftiger Vorsatz. Seine Realisierung wird ihnen zwar anfangs etwas Mühe bereiten, weil Sie das entsprechend vorbereiten müssen, aber es wird sich im Endeffekt für Sie gelohnt haben. Zumindest gerechnet haben, wird es sich, wie man heutzutage so gern sagt.

Lassen Sie sich nicht vom Feminismus beeinflussen. Der Mann ist nicht Ihr Feind, den Sie besiegen oder sonst auf irgendeine Art zur Seite drängen müssen. Gehen Sie ganz zielgerichtet die Wege, die ich Ihnen hier aufzeige. Sie werden merken, dass das in jedem Falle besser ist. Der Mann braucht Sie nämlich nicht, aber Sie ihn. Das wird Ihnen kaum einleuchten, aber der Mann braucht zu seiner Selbstverwirklichung nur sich selbst.

Die sogenannte Selbstverwirklichung der Frau über die Emanzipation ist eine Sackgasse, an deren Ende Sie meist allein vor Ihren unbewältigten Problemen stehen, im günstigsten Fall auch nur gemeinsam in einer Selbsthilfegruppe gleichgesinnter Frauen, denen es auch nicht besser ergangen ist. Es wird Ihnen dann nur der Trost bleiben, nicht allein etwas verpasst zu haben, sondern, dass auch andere etwas falsch gemacht haben. Davon haben Sie im Endeffekt aber überhaupt nichts als die Rückschau auf sinnlos emanzipatorisch vergeudete Lebenszeit. Was nützt es Ihnen zum Beispiel, wenn Sie sich im Kampf der Geschlechter auf dem Arbeitsmarkt durchgesetzt haben und nun zurückschauen, mit welchen Mitteln oder Methoden und wie erfolgreich Sie es geschafft haben, Ihre Konkurrenten auszubooten und sie als Frau besiegt zu haben. Wem wollten Sie denn damit etwas beweisen? Am Ende machen Sie dann auch nur die Arbeit, welche die von Ihnen überrundeten Männer auf diesem Platz eventuell auch gemacht hätten. Im Extremfall haben

Sie dabei vielleicht sogar den mit ausgebootet und aus dem Rennen geworfen, der Ihnen für Ihre Selbstverwirklichung nützlich gewesen wäre.

Ja, wenn Sie beispielsweise damit eine völlig neue Form der Erledigung dieser Notwendigkeiten zum privaten Gelderwerb, eine Revolution der Arbeitswelt mit diesem Ehrgeiz verbunden hätten, um es dieser Männerwelt einmal zu zeigen. Aber so werden Sie sich nur mit den Männern um das Geschirr und das Zaumzeug geprügelt haben. Sie haben sich nur das erobert, worin Sie nun stecken und nun die Karre mit ziehen müssen. Hat es sich da gelohnt, eine höhere Ausbildung, vielleicht sogar ein Studium hinter sich gebracht zu haben? Als Frau?

Denken Sie doch einmal daran, was Ihnen Ihre Mutter bestimmt beizubringen versuchte, und was Sie als so verdammt spießig absolut nicht akzeptieren wollten: Diesen radikalen Hang zum sozialen Aufstieg und zwar mittels eines Mannes. Die wurde früher ebenfalls von ihrer Mutter darin bestärkt. Das war doch immer das beliebteste Thema: *Was ist er denn, was kann er denn, was hat er denn …* sogar: *Was erbt der denn mal.*

Wenn der geangelte Mann dann weichgeklopft war und sich dem erwarteten Antrag kaum noch entziehen konnte, dann bedeutete das damals für die Frau das endgültige Versprechen: *„Komm, ich versorg' dich …"* (…bis dass der Tod uns scheidet…). Ehen dauerten aber auch früher nicht allzu lange. Als reiche Witwe zog dann die Frau meist wieder zu ihrer Mutter.

Versorgtsein. Ausgesorgt haben. Das, und das werden auch Sie nicht abstreiten können, sind doch in Wahrheit das eigentliche Ziel aller Ihrer Wünsche. Gut, nicht von Anfang an und auch nicht immer, aber je älter Sie werden, umso öfter … Sie werden mir das bestreiten wollen. Na schön, dann beharren Sie eben auf Ihren Lebenslügen. Es wird Ihnen nicht helfen. Sie zu Ihrem Glück zwingen, das kann auch ich nicht. Arbeiten Sie daran. Am Ende bekommt das Aschenputtel garantiert seinen Prinzen, aber es darf nicht darauf warten wie im Märchen! Wählen Sie nicht zu lange. Nach den Fragen nach dem, was er ist, kann, hat oder erbt, steht nämlich oft die Frage: *Wo ist überhaupt einer?* Lernen Sie begreifen, welches Ihre echten Ziele sind!

Der Dummling bekommt im Märchen immer seine Prinzessin, aber doch nur im Märchen. Dafür muss er vorher einen Haufen unnützer schwerer Arbeit erledigen und oft dabei sogar sein Leben aufs Spiel setzen. Eine gute Vorbereitung für ihn auf das wirkliche Leben. Und wenn erst einmal die Liebe zur Arbeit in ihm so richtig geweckt ist, dann ist das mit der Enttäuschung für ihn am Ende in Wirklichkeit auch nicht mehr so schrecklich, wenn ihm keine Prinzessin winkt. Diese Arbeitsamkeit des sogenannten glücklich mit seiner Aufgaben Verwachsenseins, das finden Sie öfter, als Sie vielleicht annehmen. Der Mann und seine Arbeit ... Und dann kommen Sie...

Das ist der Unterschied vom Märchen zur Wirklichkeit: Das Aschenputtel muss sich im tatsächlichen Leben nur gezielt bemühen, seinen Prinzen für sich ins Trockene zu bringen. Der Dummling bekommt zwar in Wirklichkeit die Prinzessin nie, aber wenn Sie ihm beibringen, dass Sie diese Prinzessin sind, dann rackert er sich trotzdem für sie ab. Seine Mama hat ihm das mit der Arbeitsamkeit beigebracht. Da sitzt das auch.

Ziehen Sie für sich daraus die einzig richtige Lehre: Versuchen Sie nie, mit den Männern zu konkurrieren. Sie sind schließlich dazu da, die Männer zu beherrschen, ihnen zumindest zu sagen, wo es lang geht. Mit so etwas balgt man sich demzufolge nicht auf gleicher Augenhöhe! Gehen Sie in sich. Was sollen denn andere Frauen sonst von Ihnen denken? Mangelnde Intelligenz ist unter Frauen ein Vorwurf, den Sie, falls er einmal offen geäußert wird, nur schwerlich widerlegen können, und wenn, dann nur praktisch.

Grundsätzliches zur Beschaffung des Mannes

Um sich einen Mann zu beschaffen können Sie auf die Jagd gehen, sich einen Beliebigen schnappen und versuchen, ihn zu vereinnahmen. Das ist die Schleppnetzmethode. Da werden Sie zur Lumpensammlerin. Sie brauchen sich nur das anzusehen, was resolute Frauen Ihrer näheren Bekanntschaft sich auf diese Weise an Land gezogen haben. Lassen Sie das.

Die beste Methode, sich einen Mann zu angeln, ist, von ihm wahrgenommen zu werden. Er muss Sie wahrnehmen und er muss es auch wollen. Wie das weitergeht können Sie in jedem Buch über Angeln nachlesen. Wie Sie das bei verschiedenen Fischen machen müssen, wie das mit Köder und Haken läuft, welche Rute man nimmt, und mit welchen Methoden man dann den erbeuteten Fisch sicher anlandet. Der Köder ist wichtig.

Der muss für die Art stimmig sein. Er muss dem Fisch schmecken, nicht dem Angler. Sie sind dieser Köder. Leider ist das heutzutage noch so. Seien Sie deshalb unverwechselbar appetitlich.

Bevor Sie also an die schöpferische Aneignung des Inhaltes dieses Ratgebers gehen, müssen Sie einige grundlegende Prämissen setzen und verinnerlichen. Selbsterkenntnis wird nicht zu Unrecht als der beste Weg zum Erfolg bezeichnet. Da gilt als oberstes Prinzip: Seien Sie ganz Frau.

Wie macht man das? Man schafft sich eine Identität. Die ist von bestimmten Verhaltensweisen gekennzeichnet, an denen das jeder erkennt. *(Jeder!* Nicht alle, sondern ausschließlich die Männer!)

Nur so werden Sie wahrgenommen. Frau nimmt also Gewohnheiten an, die aus der Sicht männlicher Vorurteilskomplexe angeblich für Frauen typisch sind, und die der Mann vielleicht von zu Hause *(von Mutter oder Schwester, bzw. Cousine her)* schon kennt. Trotzdem er dem meist hilflos ausgeliefert ist, fühlt er sich sicher, weil es für ihn nicht neu ist. Er nimmt sich auf Grund dieser Vertrautheit dadurch Ihnen gegenüber eventuell auch etwas mehr heraus und verzichtet auch auf manche angebrachte Vorsicht. Das erhöht natürlich Ihre Chancen auf einen schnelleren kapitalen Fang. Auch wenn Ihnen das jetzt als eine etwas sehr abwegige Zumutung vorkommen mag, glauben Sie mir, anders schaffen Sie es nicht.

Identität Frau

(Woran man das erkennt, und was Sie dazu tun müssen, damit auch richtig rüberkommt, was Ihnen vielleicht anfangs nicht passt, weil es Ihnen zu übertrieben vorkommen mag.)

Um sich einen Mann einzufangen, bedarf es Ihrerseits eines Verhaltens, das seinen infantilen Vorstellungen von einer Frau entspricht. Werden Sie also ganz und mit voller Absicht zum Klischee. - Sind Sie blond? - Dann benehmen Sie sich gefälligst auch wie eine Blondine! - Sind Sie kurzsichtig? – Dann seien Sie doch dieses schusslige blinde Huhn! - Es fällt Ihnen dazu bestimmt noch mehr ein.

Wichtig ist bei manchen Typen, den Beschützerinstinkt zu wecken. Ob er auf ein ewig plapperndes Girlie abfährt, müssen Sie testen. Sie müssten dann allerdings ein solches sein. In reiferen Jahren haben Sie dann eher als tänzelndes und etwas kapriziöses Etwas Erfolg, dem er gerne behilflich ist, damit es nicht dauernd in die Suppe fällt.

In peinlichen Situationen, die Sie mittels scharfer Beobachtung und richtigem Timing gezielt schaffen müssen, zur Schau gestellte Hilflosigkeit, hat oft umwerfende Wirkung. Hübsch aussehen, das reicht nicht, auch wenn man dem mit Kosmetik ordentlich nachgeholfen hat. Action ist allemal besser. Abgesehen davon müssen Sie trotzdem bestimmte Regeln beachten und dürfen das Ziel nicht aus den Augen lassen.

Wenn Sie endlich einen Mann aufgerissen haben, dann bleiben Sie nicht auf halbem Wege stehen, bringen Sie ihm bei, dass er es bei Ihnen ernst meint. Trichtern Sie ihm ein, dass Sie der endgültige Mittelpunkt seines Lebens und von nun an der alleinige Inhalt desselben sind. Mit der Zeit glaubt er das.

Vertrauen Sie darauf. Er ist so. Um das zu gewährleisten, müssen Sie den Mann an sich und ihre angeborenen Umgangsformen mit ihm gewöhnen. Da machen die meisten Frauen etwas falsch und wundern sich dann, wenn es auf Dauer nichts wird, das mit der sogenannten ernsthaften Beziehung. Sie glauben da nachgiebig und einschmeichelnd sein zu müssen, um die Zuneigung des Mannes zu ihnen zu verfestigen. Gerade das ist grundverkehrt. Er bekommt so eine ganz falsche Vorstellung von Ihnen, und ist dann enttäuscht, wenn Sie später die Maske fallen lassen.

Ganz gleich, was man von Ihnen erwartet oder Ihnen als Auftrag zur Erledigung erteilt haben mag. So dringlich oder so notwendig das auch erscheinen mag, tun Sie einfach etwas anderes. Es muss nichts mit dem zu tun haben, was man von Ihnen erwartet. Tun Sie es unbefangen. Man muss aber merken, dass Sie das mit Liebe tun. Das ist kreativ. Das ist für ihn zwar anfangs etwas gewöhnungsbedürftig, Sie ersparen aber so sich und auch ihm damit später viele Enttäuschungen. Im Fall, dass Ihr Partner sich vorgenommen hat etwas anderes zu tun, als sich mit Ihnen zu beschäftigen, hören Sie nicht auf, auf ihn einzureden.

Er denkt sonst selbst und ist dadurch abgelenkt. Das können Sie nicht gebrauchen, weil Sie das nicht kontrollieren können.

Beschäftigen Sie ihn mit Ihren Problemen, auch wenn Sie keine haben sollten. Ganz gleich, was es dann ist, aber beschäftigen Sie ihn um jeden Preis, damit er nicht denkt.

Wenn Ihnen im fortgeschrittenen Stadium Ihrer Beziehung etwas nicht passt, dann machen Sie sich unbedenklich Luft. Schreien Sie ihn an, schlagen Sie ihn, stampfen Sie mit den Füßen, zerschlagen Sie Geschirr oder schütten Sie ihm über den Kopf, was Sie gerade zur Hand haben Blumenwasser, die Suppe oder Spaghetti mit Tomatensoße. (Aber nichts Schweres was eventuell körperliche Verletzungen erzeugt!).

Das ist alles Ausdruck Ihres feurigem Temperamentes und Ihrer Liebe zu ihm. Tut er das allerdings auch, dann ist das brutal und ein Trennungsgrund. Männer haben kein Temperament.

Fordern Sie Gleichberechtigung und Gleichbehandlung in allen Belangen, mit Ausnahme von Schlägen und dem Zahlen von Rechnungen für das Essen, die Klamotten, Kinobesuche und Urlaubsreisen. Das sind alles Liebesbeweise, auf die Sie Anspruch haben.

Machen Sie ihm das Leben schwer und ihm ständig ein schlechtes Gewissen, sobald er irgendwelchen anderen Vergnügungen als Ihren nachzugehen versucht. Unterbinden Sie irgendwelche selbständigen Regungen auf diesem Gebiet von Anfang an konsequent und rigoros.

Fordern Sie Hilfe und nehmen Sie es übel, wenn Sie sie bekommen. *(Wenn er Ihnen wirklich hilft, hat er bestimmt ein schlechtes Gewissen.)*

Wenn Sie schlafen wollen, schieben Sie das auf Ihr nahezu übermenschliches Arbeitspensum. Wenn er sagt, dass er müde ist und eventuell schlafen möchte, ist er faul. Sagen Sie ihm das ganz offen, weil Ehrlichkeit die Grundvoraussetzung für jede gute Beziehung ist.

Verraten Sie sich nicht unnötig durch Äußerlichkeiten, um nicht berechenbar zu werden. Es gilt beispielsweise unter Männern das unbegründete Vorurteil, dass bei einer Frau, die eine Brille trägt, die Neugier größer ist als ihre Eitelkeit. Tragen Sie Kontaktlinsen. Es sieht auch vorteilhafter aus. Wenn Sie jemand fragt: „Ist was?" antworten Sie mit: „Nein!" und seien Sie beleidigt, wenn man Ihnen glaubt. Brechen Sie ohne ersichtlichen Grund in Tränen aus.

Sie sollten auch immer eine Stunde länger als angekündigt benötigen, um sich zurecht zu machen. Bei einer beliebigen Entscheidung ist es nicht so wichtig, ob es richtig oder falsch ist, wozu Sie sich eventuell entschließen, sondern ob Sie ganz persönlich etwas davon haben.

Hüten Sie sich davor bei strittigen Dingen sich seiner Meinung anzuschließen. Sie kämen damit schnell in die unangenehme Situation, dann beide im Unrecht zu sein. Wenn er Sie dann vor eine Wahl oder eine Alternative stellt, lassen Sie sich nicht darauf ein. Lassen Sie Ihn entscheiden. Wenn er das falsch macht, können Sie ihm dann immer noch hinterher die Schuld zuschieben, falls es nötig ist.

Seien Sie souverän, wenn Sie erwischt werden. Sie sind niemandem gegenüber auf haltlose Unterstellungen zu irgendwelchen rechtfertigenden Stellungnahmen verpflichtet.

Beweise und Zeugenaussagen sind sowieso das Unzuverlässigste von der Welt. Das beweist Ihnen jede Gerichtsverhandlung.

Behalten Sie unauffällig und in jeder Situation das letzte Wort. Ganz gleich, was passiert, auch wenn er laut werden sollte und in seiner ersten Wut auch mal zum Messer greift, bewahren Sie Ruhe, erregen Sie sich nicht, heben Sie auch nicht die Stimme. Bleiben Sie Vorbild. Haben Sie einfach recht ... Sollte er damit auch nach längerer Eingewöhnungszeit nicht zurecht kommen, dann taugt er auch nichts.

Identität Mann

(Die wichtigsten Denkschemata und Vorurteile, denen der Mann verhaftet ist und auf die Sie sich einrichten müssen, weil sie der Erziehung nicht zugänglich sind)

Der Mann hat meist auch eine Identität, die er anfangs zu verbergen versucht, bis er bei Ihnen glaubt am Ziel angekommen zu sein. Halten Sie ihn also etwas hin und Sie werden bemerken, dass er sie mit der Zeit doch preisgibt. Ein Mann kann sich nicht ein Leben lang verstellen. Auch hier werden Sie erst glauben, dass es sich um Vorurteile handelt, die Praxis hat allerdings erwiesen: Männer sind leider so. Sie können aber nichts dafür. Bei Männern ist das im Gegensatz zur Frau, die das frei wählen kann, rein genetisch bedingt als unabänderliches Programm, als Instinkt fest installiert.

Wenn ein Mann beispielsweise in den Spiegel schaut, dann ist das unbegründete Eitelkeit. Wenn eine Frau mit so einem Gesicht wie der in den Spiegel schauen würde, fiele das unter Tapferkeit, weil bei Ihnen im Gegensatz zu ihm beim Hinsehen ein Erkenntnisprozess stattfindet, der auf

Korrektur und Verbesserung des Erblickten hinausläuft. Das darf er allerdings nie erfahren.

Der Mann ist nach eigener Auffassung ein frei laufendes Individuum. Man sagt auch Freigänger dazu. Der Unterschied zu einer als Freigänger bezeichneten Katze ist der, dass man beim Mann im Gegensatz zur Katze immer wissen muss, wo er sich gerade befindet.

Früher wurde da beispielsweise die Ortung mit Halsband-Signalsendern versucht (Siehe offener Strafvollzug). Heutzutage empfiehlt sich ein Handy. Falls er also noch keins hat, soll er sich eins kaufen. Ohne ist er für Sie nicht vollständig. Sagen Sie ihm das. Eine andere Begründung braucht er dafür nicht. (Wozu es Ihnen dient, siehe unter *Telefon/Handy*.)

Wenn Sie etwas wissen wollen, fragen Sie ihn danach. Direkt. Er ist simpel. Subtile Fragen versteht er nicht, indirekte genau so wenig und für irgendwelche Anspielungen besitzt er keine Antenne. Stellen Sie ihm eine Frage, auf die Sie keine Antwort erwarten, dann wundern Sie sich nicht über eine Antwort, die Sie nicht hören wollten.

Männer sind von Natur aus an Details interesselos. Wenn Sie beispielsweise denken, Übergewicht zu haben, dass ein Kleid Ihnen nicht passt oder ihn sonst etwas Konkretes fragen, dann ist das wahrscheinlich so. Fragen Sie ihn nicht, er kann sowieso nichts Intelligentes dazu sagen.

Es macht keinen Sinn, ihn zu fragen, woran er denkt. In 98% ihrer Zeit denken Männer an Sex. Der Mann muss immer daran denken, damit er es nicht vergisst. Fragen Sie ihn in den restlichen 2% der Zeit auch nicht, woran er denkt, es sei denn, Sie sind bereit, mit ihm über Politik, Wirtschaft, Philosophie, Saufen, Fußball oder Autos zu reden.

Der freilaufende Mann denkt ständig an Sex, aber unspezifisch und ungerichtet egoistisch an seinen eigenfabrizierten. Dieses Denken auf Sie zu konzentrieren, damit es nicht ziellos in alle Winde verweht und einem Zweck zugeführt wird, wovon Sie auch etwas haben, diese schwere Aufgabe ist Ihre. Der von Ihnen eingefangene und anschließend konditionierte Mann denkt zwar auch ständig nur an Sex. Bringen Sie ihm also bei, dass eine Frau im günstigsten Fall höchstens nur drei- bis viermal am Tag an Sex denkt, aber dass sie ihn dann ab und zu auch wirklich haben muss, weil sonst für ihn die Luft brennt. Er wird es mit der Zeit begreifen, auch wenn Ihnen das nicht immer hilft.

Wenn Sie mit ihm irgendwohin gehen, ist es ihm egal, welche Klamotten Sie tragen. Er wird immer der Meinung sein, dass sie Ihnen stehen. Das kommt davon, weil er auch immer anziehen musste, was seiner Mutter gefiel und nun das, was Ihnen gefällt. Das bildet seine Gewohnheiten. Er weiß, dass er da nicht widersprechen darf. Geschmack hat er sowieso keinen. Männer mit Berufen, in denen sie Uniform tragen müssen, haben sowieso keinen geistigen Bezug zur Mode. Das hat man ihnen manchmal sogar abtrainiert. Oder glauben Sie, dass dem Polizisten seine Kluft gefällt? Die meisten Männer haben zwei Paar Schuhe. Wieso sollte er also wissen, welches Ihrer -zig Paare am besten zu Ihrem Kleid passt?

Der Mann kennt und sieht nur 16 Farben. „Lava" ist für ihn ein Vulkanauswurf, „Sand" ein Baumaterial, „Arctic" die Gegend um den Nordpol und „Pfirsich" eine Frucht.

Fragt er Sie, was los ist, und Sie antworten mit: „Nichts!", glaubt er Ihnen.

Fragen Sie ihn nicht, ob er Sie mag. Er wäre sonst nicht mehr bei Ihnen.

Wenn er Sie bittet, ihm das Salz zu reichen, dann will er nur das. Es ist kein Vorwurf, dass es nicht auf dem Tisch steht. Im Falle des geringsten Zweifels, egal, worum es geht: Nehmen Sie bei ihm das Einfachste an.

Das Wichtigste bei der Behandlung des Mannes ist geduldige Überzeugungsarbeit. Nur Geduld und nie aufgeben. Manchmal schlagen sie zwar noch lange zurück, aber das gibt sich mit den Jahren.

Es gibt zwischen Mann und Frau auch Unterschiede in der Bedeutung der verwendeten Worte. Beim Mann fallen beispielsweise unter den Begriff „Wellness" vorrangig Assoziationen zu Begriffen wie: Fernsehen, Fußball und Bier.

Dieses Phänomen können Sie bei den meisten Substantiven beobachten, die er benutzt. Falls Sie einmal wider Erwarten einmal gemeinsam das gleiche Wort für eine Sache benutzen, dann bedeutet das trotzdem für ihn immer etwas ganz anderes.

Er hört niemals zu. Grund: Männer glauben zwischen wichtig und unwichtig unterscheiden zu können. Sie halten nach eigener Aussage von weiblicher Stimme gesprochenen Text generell für unwichtig. *(Wieso sie allerdings der weiblichen Stimme ihres Navigationsgerätes folgen und sich da sogar in die Irre führen lassen, konnte bisher noch nicht geklärt werden.)*

Sie können ihm erzählen was Sie wollen, er wird es sich nicht merken, auch wenn er zugehört haben sollte. Das kommt davon, dass Männer dem Irrtum verfallen sind, der Kopf sei zum Denken und nicht zum Merken da. Die erforderliche und von Ihnen vorzunehmende Umsteuerung ist eine Ihrer schwersten Aufgaben.

Er ist maulfaul. Der Grund: Männer reden nur, wenn sie etwas zu sagen haben. Sie sind der Meinung, dass Frauen reden, um zu reden, so wie die Katze schnurrt, um zu schnurren. Fragen Sie sich also, bevor Sie ihn wegen dieser Maulfaulheit angehen, ob er Ihnen gegenüber tatsächlich etwas zu sagen hat. Von sich aus irgendetwas zu reden, um zu reden, das kann er nicht. In dieser Beziehung gleicht der Mann einem Computer: Man muss ihm eine Aufgabe stellen, dann hat er zu tun und er hört erst auf, wenn er fertig ist, oder ihm der Saft abgedreht wird.

Das kommt, weil der Mann genau wie der Computer eine Aufgabe als Störung des Gleichgewichtes seiner Welt ansieht, das er mit seiner Tätigkeit wieder herstellen muss. Nach Beendigung seiner Aktion fällt der domestizierte Mann genau wie der Computer wieder in seine neutral-abwartende Duldungsstarre.

Um es gleich hier einmal klarzustellen: Die Duldungsstarre des Mannes ist übrigens etwas ganz anderes als sie das bei der Frau ist.

Er ist oft wehleidig. Das liegt daran, dass die erste Frau, mit der er es zu tun bekam seine Mutter war. Die hat ihn bemuttert. Das möchte er auch von Ihnen. Täuschen Sie das glaubhaft vor, ohne es tatsächlich zu tun. Es wäre auf Dauer zu aufwendig für Sie.

Er macht keine Komplimente. Das hat man ihm schon sehr früh abgewöhnt. Wie sähe denn das aus, wenn er alles, was ihm begegnet begeistert und zeitraubend anbeten wollte. Da käme er nie dazu das alles zu tun, was er eigentlich für Sie erledigen muss. Man hat ihm schließlich gesagt, dass er etwas werden soll und dabei erfolgreich zu sein hat und sich nicht mit Nebensächlichkeiten aufhalten darf.

Dem hat man eingebläut, dass er froh sein muss, wenn er nicht dauernd kritisiert wird. Der ist schon glücklich, wenn er mal ein Lächeln außer der Reihe abkriegt. Zu eigener selbständiger Äußerung, dass ihm etwas gefällt ist der doch gar nicht mehr fähig. Schreiben Sie ihm auf, was Sie hören wollen und lassen Sie es sich vorlesen. Da weiß er, dass er wenigstens bei Ihnen nichts falsch macht.

Zeigt ein Mann Verhaltensweisen wie sie zur Kennzeichnung des Temperamentes der Frau (Siehe unter deren Identität) unabdingbar sind, dann handelt es sich um einen unausgeglichenen, launischen und labilen Charakter. Sie müssen da mit weiteren unangenehmen Überraschungen rechnen. Geben Sie sich mit so etwas nicht ab, wenn Sie es nicht unbedingt aus objektiven Gründen oder dienstlich müssen.

Er guckt ständig anderen Frauen hinterher? Machen Sie sich darüber keine Gedanken, aber gewöhnen Sie ihm das ab, sonst läuft er noch irgendwann vor einen Laternenpfahl. Man hat bei sehr alten Männern festgestellt, dass sie selbst aus dem Rollstuhl heraus immer noch jungen Mädchen und Frauen hinterher schauen, aber oft nicht mehr wissen warum. Es ist also doch nur eine dumme Angewohnheit.

Wenn der Mann ein Buch liest, überzeugen Sie sich davon, wovon es handelt. Technische Sachbücher und Gebrauchsanweisungen für die im Haus befindlichen Geräte sind das Einzige, was Sie ihm unbesehen selbst überlassen können. Alles andere ist schädlich für seine Augen. Im Falle Sie aber ein Buch gefunden haben, welches alle Ihre Lebensmaximen entsprechend ihrer Wichtigkeit eindeutig und lehrhaft zu vermitteln vermag, dann schenken Sie es ihm und prüfen anschließend bei ihm die Verinnerlichung dieser Grundsätze regelmäßig.

Unterbinden Sie unter allen Umständen bei ihm die Entwicklung eigener Vorstellungen und Gedanken. Das können Sie nicht gebrauchen. Seinen Geist mit entsprechenden Gedanken an Sie zu füllen, dazu sind Sie da.

Zusammenfassend kann man sagen: Wenn Sie sich noch so viel Mühe gegeben haben, und es trotzdem nicht geklappt hat, dann liegt es sowieso nur am Mann. Männer haben mehr Eigenschaften, als man ihnen zugestehen möchte. Vor allem die schlechten sind es, auf die Sie achten sollten, um sie zielgerichtet zu bekämpfen, indem sie die ihm aberziehen.

Die sich einfühlsam gebenden, aber im Grunde interesselosen Typen, die sowieso nicht wirklich auf Sie stehen, sondern eine Frau höchstens als amüsanten Zeitvertreib ansehen, die kennen Sie bestimmt auch. Geben Sie sich mit denen nicht erst ab. Ignoranter Egoismus ist sowieso das schlimmste, was es gibt, sofern es der Mann als Charakterzug entwickelt hat. Offen gesagt, wenn Sie einen Kerl nicht mögen, dann ist der sowieso einfach widerwärtig. Es gibt schließlich massenhaft davon. Die meisten sind es einfach nicht wert. Suchen Sie aber nicht zu lange. Nehmen Sie einfach den Nächsten. Ohne irgendeinen Webfehler sind die für Sie zwar nicht vollständig, aber auch nicht handhabbar. Die Männer sind wie die Kalendertage, der nächste kommt bestimmt und ab und zu ist auch ein Sonn- oder Feiertag dabei. Blättern Sie also erst einmal in Ruhe im Kalender.

Das mag Ihnen jetzt alles etwas kompliziert vorkommen, weil es doch heißt, dass die männliche Psyche einfacher aufgebaut sei als eine „Aldi-Tüte". Wenn Sie aber einmal die Vorschrift in die Hände bekommen hätten, nach der die „Aldi-Tüte" hierzulande produziert wird, über welchen komplizierten Prozess schon der Kunststoff dafür entsteht, welche technischen Normvorschriften und hygienischen Bedingungen da eingehalten werden müssen und durch welche Qualitätsprüfung des TÜV die erst muss, bevor sie die Produktionszulassung bekommt, und dann erst, dieser Auswahlprozess, bis die Kennfarben und das Design endgültig festgelegt waren, damit sie nicht mit der Werbung für das Arbeitsamt verwechselt wurde, dann wird Ihnen das hier alles sehr einfach vorkommen.

Von der Vorprägung des Mannes

Der Mann wird bis zu dem Zeitpunkt, bevor er Ihnen in die Hände gefallen ist bestimmt schon Verschiedentliches erlebt und erlitten haben was Sie erst mit der Zeit aus ihm herausfragen können. Oft hat er selbst nicht begriffen, was ihm begegnete und was man mit ihm anstellte, indem man es gut mit ihm meinte. Das wird ihm auch bei Ihrem so sein, ist also ganz normal. Der ist entweder ganz von der Erziehung durch seine Mutter geprägt oder hat sich ganz von deren Erziehungszielen abgenabelt. Hat er eine gewisse Zeit allein gelebt oder sogar eine Ausbildung bei den Soldaten hinter sich gebracht, dann ist er noch leicht zu handhaben. Der weiß von der Grundausbildung her, wie dreckig es einem im Leben gehen kann.

Er kann sich oft schon selbst ernähren und bekleiden, darüber hinaus sich und seine Wohnung sauber halten. Der wäscht sogar Wäsche, macht auch sein Bett selbst und bringt auch den Müll getrennt raus, wenn der ihm zu viel in seiner Wohnung wird. Auf dieser seiner Illusionslosigkeit gegenüber dem Leben können Sie mit Ihrer Erziehung ziemlich problemlos auf- und weiterbauen. Hindernisse haben Sie seinerseits nicht viele zu erwarten, jedenfalls keine schwerwiegenden.

Der noch bei Mutti wohnende hat manchmal eigenartige Vorstellungen von der Frau und einer sogenannten festen Beziehung. Partnerschaft oder sogar Ehe besteht bei ihm vorrangig darin, dass immer jemand um ihn herum damit beschäftigt ist, ihn zu betüdeln, der ihm das Essen kocht, die Wäsche wäscht, die Wohnung auf Vordermann hält, ihm Kinder gebärt und ihn umsorgt. Das kennt er von der Ehe seiner Eltern, zumindest der Großeltern, und wenn nicht aus eigener Ansicht, dann aus den verschwätzten wortreichen Träumereien seiner älteren weiblichen Verwandtschaft, wenn sie von früheren Zeiten schwärmt. Da müssen Sie viel Müll beräumen, bevor Sie mit der Erziehungsarbeit beginnen können.

Hat er allerdings Zivildienst oder eine dem entsprechende Tätigkeit in irgendwelchen sozialen Einrichtungen gemacht, müssen Sie darauf rechnen, dass er da schon sehr stark den verderblichen Einflüssen anderer Frauen ausgesetzt war. Da kennt er manchmal schon zu viel, was Sie nicht gebrauchen können. Der denkt oft schon, dass das ganze Leben nur aus Schlendrian besteht, in dem ihm die Frauen ab und an als angenehme Abwechslung unterkommen. Mit diesen Typen haben Sie es besonders schwer. Die benehmen sich oft charakterlich nicht nur manchmal wie Frauen, sondern haben auch aus der bloßen Anschauung heraus deren Ansprüche entwickelt. Schon der Mut zur Wehrdienstverweigerung, der hinter dem Zivildienst oft steckte ist eine Hürde, die Sie nur mit brachialem Einsatz bezwingen können, sofern er sich Ihnen gegenüber plötzlich in der Verweigerung übertragener Aufgaben zeigen sollte. Auf solche Dinge müssen Sie vorbereitet sein. Der Mann glaubt meist, dass er etwas schon bringt, aber er weiß nicht, dass Sie das so nicht gebrauchen können. Korrigieren Sie das mit eiserner Hand. Am Ende Ihrer Erziehungsbemühungen muss in seinem Kopf die Überzeugung herrschen, dass er alles was er ist und was er kann nur Ihnen verdankt.

Von Gebrauchtmodellen, die hin und wider in die freie Wildbahn gelangen und solchen, die Sie anderen Frauen erst abspenstig machen müssen, schreibe ich hier nichts. Das ist da wie bei der Lostrommel auf dem Rummel. Die Nieten sind in der Mehrzahl und wenn Sie glauben gewonnen zu haben, müssen Sie trotzdem das nehmen, was gerade als Preis im Angebot ist. Selten ist es dann das Gewünschte, schon gar nicht das Erträumte. Wie diese Männer abgerichtet sind, merken Sie auch erst hinterher und meist sind die auf einer Schiene eingefahren, von der auch Sie die nur äußerst schwer wieder herunter bekommen.

Beuteschema und Kontaktaufnahme

Beuteschema

Die Wissenschaft behauptet, dass uns das aus der Steinzeit überkommene Schema der Jäger und Sammler immer noch naturgesetzlich beherrscht. Der Mann als Jäger und die Frau als Sammler. Man ging dabei ganz selbstverständlich von der Nahrungsseite heran, weil doch angeblich immer erst das Fressen kommt, und dann erst die Moral. Dabei wurde nie hinterfragt, wie dieses Prinzip auf zwischenmenschlicher Ebene, also auf der moralischen Schiene funktioniert.

Die Erfahrung wird zwar auch da bestätigt, weil doch den Männern unterstellt wird, Frauen zu jagen. Es wird aber immer ignoriert, dass Frauen schon von Natur aus zum Sammeln vorgesehen sind, und zwar Männer. Sie sind also als Frau gar nicht so stark im Hintertreffen, wie Sie glauben. Sie können als bestimmendes Geschlecht tatsächlich wählen. Es kommt nur darauf an, wie Sie sich geben.

Wie Ihr persönliches Beuteschema aussieht, wissen nur Sie selbst. Halten Sie sich aber immer daran. Seien Sie auch in dieser Beziehung ganz Sie selbst. Es wird Ihnen sonst keinen Spaß machen, selbst dann nicht, wenn Sie anschließend glauben, dass Sie mit Verstellung mehr erreicht hätten. Seien Sie wenigstens sich selbst gegenüber ehrlich. Wenn Sie schon auf die Jagd gehen, dann entscheiden Sie sich bitte vorher, ob es Ihnen in dem Moment um Sex, Liebe, Begattung oder um Fortpflanzung geht. Sie können nicht alles zugleich wollen. Entweder Schlinge, Netz, Teller-Schlageisen, Schrotflinte oder Elefantenbüchse. Dazu müssen Sie sich schließlich ganz unterschiedlich vorbereiten, und nichts ist schlimmer, als zu spät zu schalten und dann unvorbereitet umdisponieren zu müssen, oder plötzlich die falsche Beute im Netz zu haben. Ganz gleich, wie Sie es also anfangen, Ihr Ziel muss darin bestehen, das Beuteschema des Mannes zu unterlaufen. Er muss der Überzeugung sein, dass nicht Sie ihn, sondern er Sie erwählt hat. Das weckt sein Verantwortungsgefühl Ihnen gegenüber und bindet ihn dadurch fester, wenn er glaubt, Sie erobert zu haben. Da ist sein Schutzinstinkt aktiviert und Sie haben auch von Vornherein eine viel bessere Basis für Ihre Erziehungsarbeit. Bei einer direkte Eroberung durch Sie würde nur sein Stolz geweckt, weil er dann glaubt, dass ihm angeblich die Frauen nur so zulaufen, und jammern Sie dann nicht, wenn er Sie anschließend wirklich als seine Beute betrachtet und womöglich als Trophäe vorzeigt.

Ausgerechnet diese Art Mann, auch wenn sie in Wirklichkeit nur auf Sie hereingefallen ist, fühlt sich stets als Herr. Das darf Ihnen nicht passieren. Es sei denn, Sie stehen darauf. Für die Auswahl des Objektes gibt es übrigens objektive Kriterien, an die Sie sich halten sollten. Beispielsweise:

Größere Männer verdienen mehr.
Es gibt auch kleine und mickrige, sogar hässliche und auch abstoßende Männer, die im Lotto gewonnen oder eine größere Erbschaft gemacht haben.
Sprechen Sie schüchterne Männer an. Da haben Sie die meisten Chancen. Die sind meist schon zahm und fusseln auch nicht so beim Gebrauch.

Das mag Ihnen für den Moment vielleicht etwas zu grob und gefühllos vorkommen. Sie suchen ein Exemplar, das humorvoll, treu, hilfsbereit, aufgeschlossen, höflich, tolerant, fürsorglich ist, womöglich noch Familiensinn hat? – Das verlangen Sie alles von einem - Mann? Reicht das nicht, wenn er in Sie verknallt ist? Sie brauchen ihn doch noch nicht einmal zu mögen ... !

Humor. Das mit dem Humor, den der Mann besitzen soll, ist eigentlich nur eine Umschreibung. Den muss er bekanntlich ausreichend in der Brieftasche haben. Nur diese Sorte ist begehrenswert, sonst wird das schnell langweilig.

Es gibt aber tatsächlich auch die Art, die sich lustig gibt. Lassen Sie sich darauf nur ein, wenn Sie sich ganz sicher sind. Wenn Sie ihr „Lachsack" zum erstemal verprügelt hat, merken Sie bestimmt, worauf es eigentlich ankommt.

Intelligenz. Sie möchten gern einen intelligenten Mann, zu dem Sie aufschauen können? Lassen Sie es. Der lässt sich nicht mehr erziehen. Um ihn erziehen zu können, müssen Sie ihn im entscheidenden Moment immer auf dem falschen Bein erwischen. Das ist bei Intelligenten schwer. Tun Sie sich das nicht an. Andererseits ist sicher, dass bei einem Deppen ebenfalls alle Erziehungsbemühungen ins Leere gehen. Intelligenz beim Mann also eher „Jein". Was Sie wollen muss er aber schon verstehen, vor allem umsetzen wollen und auch können. Wenn Sie nicht ganz das sind, was man eine sexy Traumfrau nennt, dann angeln Sie auch nicht nach dem optischen Traummann. Der stiehlt Ihnen die Show. Auch wenn er der größte Depp ist, es werden sich andere Frauen an ihn heranmachen, um Ihnen den auszuspannen. Also – nichts als Ärger, und zwar in jeder Beziehung.

Sollten Sie sich erst sehr spät dazu entschlossen haben, es auch einmal mit einem Mann zu versuchen, also nach Ausbildung, Diplomabschluss oder Promotion, vielleicht auch erst jetzt, nachdem Sie Ihre Karriere schon am Laufen haben, dann werden Sie feststellen, dass der Kreis der Kandidaten, die für Sie in Frage kommt schon sehr klein geworden ist. (Ich gehe dabei davon aus, dass Sie bei der Selbstverwirklichung immer noch den sozialen Aufstieg im Auge haben.) Diese Kandidaten werden allerdings von der Äußerlichkeit und auch von der psychischen Formbarkeit oder Leistungsfähigkeit schon nicht mehr dem entsprechen, was Ihnen da vorschwebt.

In diesem Falle kann ich Ihnen auch nicht mehr helfen. Entweder Sie steigen vom großen Ross, oder lassen es gleich sein. Das müssen Sie schließlich selbst wissen, ob Sie sich Ihre Ansprüche, die Sie stellen, auch leisten können...

Schauen Sie dann auch ab und zu einmal im Spiegel die Frau an, die Sie da alle Tage morgens zurecht machen müssen und mit deren Gesicht Sie auf die Straße gehen ... aber das wissen Sie doch selbst am besten.

Zuletzt, aber nicht als Letztes bitte ich Sie zu bedenken: Es ist zwar bequem, sich Irgendeinen an Land zu ziehen, der sich alles gefallen lässt und mit dem Sie alles anstellen können, was Ihnen passt. Falls Sie allerdings auf Vermehrung aus sind, dann sollte er kein Loser sein. Ihre Kinder werden es Ihnen ansonsten bestimmt später vorwerfen, offensichtlich einen Deppen zum Vater zu haben, selbst wenn er nicht der Erzeuger war.

Kontaktaufnahme

Kontakt können Sie mit dem Objekt Ihrer Begierde immer, in jeder Situation und an jedem Ort aufnehmen. Woran es liegt, ob es klappt oder nicht, ist bisher noch nicht erforscht worden und man wird es auch nicht so schnell herausfinden. Sollte das mit dem Kontakt nicht gleich klappen, dann kann das an allen möglichen Zufällen liegen.

Keinesfalls liegt es daran, dass Sie sich unmöglich an- oder ausgezogen haben, zu schrill lachen, zu viel des Guten bei der Kosmetik getan haben, zu schnell und zu umfassend Körperkontakt aufnehmen oder schon zu betrunken oder bekifft sind, um von ihm noch ernst genommen zu werden, sondern dass Sie sich den Falschen ausgesucht haben.

Wichtig ist in jedem Falle Ihr vorsätzlich Paarungswille. Sie müssen das ja nicht zu aggressiv und demonstrativ zur Schau stellen. Männer spüren das, dass Sie wollen, sofern Sie es wollen. Manchmal reicht es schon, sich nicht zu stark zu wehren. Der Rest läuft dann meist schon zufriedenstellend ab. Was Sie benötigen ist entsprechende Geistesgegenwart, um die Situation in Ihrem Sinne zu steuern. Die plötzliche Demonstration überschäumender weiblicher Intelligenz ist aber erfahrungsgemäß in diesen Situationen für Ihr männliches Beutegut meist stark abtörnend, wenn nicht sogar ernüchternd. Auch das Outfit ist entscheidend. Wenn Sie sich also schon stundenlang akribisch zurechtgemacht haben und alles an Ihnen bis aufs letzte gestylt ist, dann reißen Sie wenigstens Ihre Frisur ein und machen daraus etwas, was absolut durcheinandergebracht und nur notdürftig gebändigt aussieht. Er braucht das Gefühl, dass Sie nicht restlos perfekt sind, sonst beißt er nicht an. Dazu eignet sich eben vor allem die Frisur, weil er die immer vor Augen hat. Geben Sie ihm zumindest diese Chance. Ein derangiertes Kleid tut es zwar auch, aber das ist meist zu auffällig und vor allem oft schade ums Kleid.

Es gibt zwar auch andere Methoden, sich Männern zu nähern. Beispielsweise wird empfohlen, sich einen Hund, wenigstens ein Hündchen anzuschaffen, um von Männern auf der Straße angesprochen zu werden, wenn Sie das Tier ausführen. Überlegen Sie sich aber vorher, ob Sie diesen Hund auch haben wollen, denn wenn es nicht klappt, dann haben Sie am Ende diese Alibi-Töle am Hals. Es soll sogar Männer geben, die mögen Sie nur wegen des Hundes, den Sie gerade ausführen. Sie als Frau sind dann nur die unvermeidbare Zugabe, die er gezwungenermaßen mit in Kauf nimmt. Also Vorsicht, fall Sie auf der Straße angesprochen werden ... ganz gleich, ob nun mit oder ohne Hund.

Was Sie unbedingt vermeiden müssen, ist die ernsthaft mütterliche Variante der Annäherung an den Mann. Da haben Sie meist anfangs die größten Erfolge, ganz gleich, welches Altersgefälle da zwischen Ihnen und Ihrer Beute herrscht, und auch in welche Richtung dieses Gefälle verläuft. Bedenken Sie aber, dass Sie, vor allem, wenn Sie schon älter sind, aus dieser Rolle kaum wieder herauskommen, denn was der dann, falls überhaupt, mit „Mutti" im Bett anstellt, das fällt wohl kaum unter das, was Sie sich von ihm erträumt hatten.

Alkohol

Der Alkohol spielt bei der Partnerschaftsanbahnung angeblich eine große Rolle. Welche, das müssen Sie selbst herausfinden. Mehr ist nicht immer besser. Genetisch bedingt verträgt der Mann angeblich mehr Alkohol als die Frau. Bewiesen ist es nicht, aber man sollte es keineswegs drauf anlegen, den Beweis zu erbringen, dass es nicht stimmt. Falls Sie nämlich beim Mann dabei an eine sogenannte „Schnapsdrossel" oder einen „Quartalssäufer" geraten, dann lassen Sie es lieber gleich sein.

Alkohol ist eigentlich kein Getränk, sondern eine unwesentliche Zutat mancher Getränke und oft ist er da nur ein Lösungsmittel für Aromen, Lebensmittelfarben und Vitamine. Man findet ihn auch in Reinigungsmitteln. Er befindet sich im Fensterputzmittel genau so wie im Parfüm, ist in den meisten Deos nachweisbar und wird auch als Desinfektionsmittel benutzt. Neuerdings verwendet man ihn auch als Ersatz für Benzin beim Auto. Wieso er bei dieser universellen Verwendungsbandbreite so einen schlechten Ruf hat, ist also unverständlich. Alkohol ist absolut unschädlich. Er hat angeblich ganze Völkerstämme ausgerottet, aber dem Einzelnen schadet er nichts.

Nimmt man ein Getränk zu sich, welches Alkohol enthält ist es wichtig, sich vorzunehmen, davon nicht betrunken zu werden, dann kann man es in beliebigen Mengen konsumieren.

Farblose Getränke sind prinzipiell ungefährlich und in der Energiebilanz neutral, weil die Leber sie nicht sieht, was bei Wodka und Doppelkorn besonders wichtig ist. Und wenn man zufälligerweise eine Diät macht, auch.

Alkohol am Steuer ist nicht umsonst polizeilich und gesetzlich verboten. Beim heutigen Zustand der meisten Straßen kann man unterwegs sehr leicht etwas verschütten. Das gibt vor allem bei Mixgetränken unschöne Flecken auf der Sitzpolsterung, zumal auch die Preise und nicht nur für Alkohol letztens stark anzuziehen beginnen. Nicht umsonst ist die Menge des Kraft- oder Treibstoffes, also jetzt auch des Alkohols, den Sie in Kanistern oder sonstigen Behältnissen zusätzlich im Auto mitführen dürfen, in manchen Ländern, zumindest bei grenzüberschreitendem Verkehr gesetzlich begrenzt.

Das mit der Grenzüberschreitung hat nichts mit enthemmter weitergehender Kontaktaufnahme zwischen Menschen zu tun. Gemeint ist hier ausdrücklich nur der offiziell gestattete Transport von Alkohol, also grenzüberschreitender Straßen-, Schiffs- oder Flugverkehr.

Alkohol und Sex

(Die im nachstehenden Abschnitt aufgelisteten Ratschläge konnten nicht überprüft werden. Sie wurden aus aufgefangenen weiblichen Gesprächsfetzen gewonnen. Garantien irgendwelcher Art können daraus nicht abgeleitet werden.)

Alkohol und Sex. Das ist eine gute Mischung, aber manchmal auch explosiv. Gehen Sie deshalb vorsichtig damit um. James Bond wusste das schon. Er nahm seinen Martini deshalb auch nur gerührt, keinesfalls geschüttelt. *(Siehe auch über den Umgang mit Nitroglyzerin, was ja auch rein chemisch ein Alkoholabkömmling ist.)*

Alkohol erzeugt beim Mann angeblich seelische Stimmigkeit. Für Sie ist es also wichtig, wie, wie viel und bei welcher Gelegenheit der Mann Alkohol zu sich nimmt. Die beste Methode ist die des kontrollierten Abfüllens auf seine eigenen Kosten, die Sie beherrschen müssen, um sich ihm stimmig zu machen. Der Mann bezeichnet das zwar etwas brutal als „Schönsaufen", aber Not kennt kein Gebot und der Zweck muss nun einmal die Mittel heiligen. Stoßen Sie sich also nicht an Formulierungen. Sie erreichen sonst im Leben nichts.

Vergessen Sie aber nicht: Mit Alkohol schaffen Sie es zwar, jeden Mann am Ende rumzukriegen, aber es kann Ihnen dann passieren, dass er dann schon nicht mehr weiß, was Sie eigentlich von ihm wollen, oder es zwar noch weiß, aber nicht mehr, wie es geht. Manchmal weiß er wohl noch, was Sie wollen und auch noch, wie es geht, aber er kann sich nicht mehr dazu aufraffen. Es gibt auch die Variante, dass er zwar alles noch wusste, sogar wollte und vielleicht sogar tat, hinterher aber absolut nicht mehr weiß, was überhaupt los war. Sie werden mit der Zeit merken, dass das mit dem „Erst Alkohol und dann Sex" die falsche Reihenfolge ist. Für die Erfolgsgarantie des ersten Einfangens ist sie aber meist nur in dieser klassischen Variante empfehlenswert. Einmal müssen Sie beide möglichst gemeinsam da durch, auch wenn es Ihnen nicht so zusagt, um Ihren Erfolg abzusichern.

Die Alkohol-Variante, bei der Sie selbst hinterher nicht mehr wissen, was gewesen sein soll, möchte ich hier nur in soweit erwähnen, dass Sie dabei wenigstens vorher nicht vergessen haben sollten, die Pille zu nehmen und diese Situationen schon vom Prinzip her meiden. Wenn schon Spaß, dann sollten wenigstens Sie sich hinterher auch daran erinnern können, zumindest die Folgen erträglich halten.

(Als Mann kann ich das natürlicherweise weder praktisch testen, noch beurteilen. Es war mir bisher nicht bekannt. Ich führe es nur der Vollständigkeit halber mit auf. Sorry.)

Drehen Sie den Spieß mit der Alkoholaufnahme, nachdem Sie sich erst einmal entscheidend näher gekommen sind, ganz einfach um. Lassen Sie ihn bei der nächsten Gelegenheit erst machen, was Sie wollen, indem Sie ihm versprechen, dass er hinterher tun kann, was ihm passt, sofern er das dann überhaupt noch will und ihm danach ist. Da haben Sie auf alle Fälle mehr davon. Falls Ihnen das beim ersten Mal peinlich vorkommen sollte, dann denken Sie daran, dass es doch völlig egal ist, weil man sowieso hinterher feststellt, dass einem eine Menge Film fehlt. Da ist es doch besser, wenn einem die unwesentlichen Folge-Passagen entfallen sind. Es braucht doch keiner zu wissen.

In der angeblich so prüden und sittsamen „Guten alten Zeit", als die braven Mädchen spätestens abends um acht oder um zehn schon wieder zu Hause sein mussten, gab es den guten alten Brauch, schon sehr zeitig am Tag miteinander „schlafen zu gehen", um das mit dem späteren „pünktlich zu Hause sein" und dem „zeitig ins Bett gehen", auch noch zu schaffen. Alkohol war da als Zutat nicht unbedingt erforderlich und sein eventueller Genuss wurde den nach Hause kommenden meist glücklichen oder zumindest beglückten Mädchen oft übel angekreidet, wenn es hinterher zufällig jemand bemerkte.

Dass man sich heutzutage in einer Bar die halbe Nacht um die Ohren schlagen muss, um die erforderliche Zeit zu überbrücken, die mittels Alkoholkonsum als begründbare, moralisch vertretbarer Zuwartefrist gilt, um miteinander irgendwie „zu Stuhle" kommen zu können, das ist eine typische Folge der Frauenemanzipation und feministisch-moralischer Verklemmungen, die sich in die Umgangsformen und sogar in Rechtsauffassungen eingeschlichen haben. Auch vor Gericht wird oft die Ausführung strafbarer Handlungen unter Alkoholeinfluss milder abgeurteilt. Saufen ist unter diesen Umständen oft schon zum Vorsatz geworden, egal wofür. Ob jemand wirklich besoffen war, kann hinterer auch nicht mehr bewiesen werden. Besoffen gewesen zu sein ist gerade bei Männern die häufigste Ausrede bei Gericht.

Sorgen Sie also dafür, dass er alles Erforderliche schon vorher in Ihrem Sinne ordentlich erledigt hat, bevor er sich die Kante gibt.

Vergessen sie bei dieser Problematik in Verbindung mit dem Mann allerdings nie: Alkohol ist nur ein Willensverstärker. Das Können nimmt meist im gleichen Verhältnis ab, in dem sich der Willen verstärkt. Auch hier ist die Balance das Wichtigste. Ihr Fingerspitzengefühl als Frau ist hier vorrangig gefragt.

Kommen Sie nicht in Versuchung, dann dem Mann, wenn er nicht danach süchtig ist, den Alkohol mengenmäßig zuteilen zu wollen oder ihn zu verknappen. Sie kommen sonst in die gleiche Situation wie vor Ihnen schon Winnetou und Gorbatschow. Beide haben es bekanntlich versucht, ihren roten Brüdern das Saufen abzugewöhnen, und was dabei rausgekommen ist, wissen Sie ja. Da verschwinden dann manchmal ganze Völker oder Weltreiche brechen zusammen.

Auch Männer haben das als Einzelexemplar mit dem Verschwinden in diesem Zusammenhang schon praktiziert. Lassen Sie ihn deshalb nie zu ungelegener Zeit aus dem Hause, auch dann nicht, wenn er vorgibt, eventuell nur noch angeblich Zigaretten holen zu wollen …

Diät

Der Begriff Diät bezeichnete ehemals das, was jetzt Gehalt, Bezüge, Aufwendungserstattung oder Lohn heißt. Dass es ursprünglich eine Geldleistung war, erkennt man daran, dass Abgeordnete das Geld, was sie sich verordnen, immer noch Diäten nennen. Zurzeit stellen Diäten von Männern erdachte Hungerkuren für Frauen dar, denen man bei Unterstellung zu reichlicher Körpermasse (angeblich Fett) ein schlechtes Gewissen machen will. Eine Diät ist allerdings auch das, was Ihnen unterbeschäftigte und psychisch gestörte Ernährungsberaterinnen im Auftrag von sogenannten Ernährungswissenschaftlern einzureden versuchen, um ihre eigene Daseinsberechtigung unter Beweis zu stellen.

Definition: Eine Diät ist der theoretische Entwurf eines Ernährungsprogrammes zur Erreichung eines bestimmten Zieles bei der Ausformung des menschlichen Körpers.

Diätentwürfe für Frauen orientieren nie auf deren Schönheit, sondern ausschließlich auf deren Gewichtsreduzierung. Wer hätte sich auch je bei einer wirklichen Schönheitskönigin für deren Gewicht interessiert. Es gibt sogar Naturvölker, bei denen der Brautpreis umso höher angesetzt wird, je größer der Hüftumfang der Braut ist. Machen Sie sich also von diesbezüglichen Fesseln und derzeitigen Vorurteilen frei, sofern Ihnen das psychologisch weiterhilft.

Als Begründung zur Diät wird zwar nicht immer die Erhöhung der körperlichen Attraktivität der Frau in sexueller Hinsicht herangezogen. Ganz gleich, was da geschrieben steht, zumindest die dazu mitgelieferten Bilder entlarven letztendlich diese Absicht am Ende doch.

Es herrscht allgemein das unterschwellige Vorurteil, dass eine Frau sich mittels einer Diät begehrenswerter machen könne. Damit werden Sie nur von Ihrer eigentlichen Aufgabe, der Selbstverwirklichung abgelenkt. Selbst Frauen, Chefredakteurinnen von Frauenzeitschriften geben sich dazu her, Sie auf diese Weise von Ihrem Weg abzubringen, was deutlich beweist, dass auch diese Zeitschriften finanziell von Männern gesteuert werden, denen nichts an der Selbstverwirklichung der Frau liegt.

Wenn Sie allerdings unbedingt wie ein Hungerhaken aussehen wollen, dann kann Ihnen eben nicht geholfen werden. Tun Sie, was Sie nicht lassen können. Der Erfolg ist wichtig, und das ist nicht der Verlust an Pfunden, sondern der Attraktivitätsgewinn, aber wer garantiert Ihnen den. Tatsache ist, wenn Sie sich einer mehrwöchentlichen radikalen Diät unterziehen, dann verlieren Sie diese Wochen Ihrer Lebenszeit absolut.

Wenn Sie es dabei schaffen, auch Gewicht zu verlieren, müssen Sie damit rechnen, dass Sie anschließend die gleiche Zeit noch einmal benötigen, um mittels Faltenkosmetika, Hautstraffungscreme, Spachtelmasse oder ähnlicher Hilfsmittel ihr vorheriges Aussehen wieder zu restaurieren, sofern Sie sich nicht entschließen, sich die gerade abgehungerten Pfunde im Interesse Ihrer Attraktivität wieder anzufuttern.

Sollten Ihnen jedoch die Waage oder der Spiegel signalisieren, dass Sie reif für eine Diät wären, dann schlagen Sie diese Warnungen nicht in den Wind, aber verlieren Sie nicht den Kopf. Gehen Sie es bedächtig an und machen Sie es sich leichter.

Generelle Diätratschläge

(Wie Sie sich die Diät erträglich gestalten können, falls eine Diät nicht vermieden werden kann)

Nutzen Sie nachstehende Hinweise und verteidigen sie gegenüber Allen, die Ihnen da hinein zu pfuschen versuchen. Sie sind schließlich diejenige, welche die Diät macht:

Wenn Sie etwas essen und keiner sieht es, dann hat es keine Kalorien. Das gilt auch, wenn jemand anderes anwesend ist, also im Dunkeln.

Wenn Sie eine Light-Limonade trinken und dazu eine Tafel Schokolade essen, dann werden die Kalorien der Schokolade von der Light-Limonade vernichtet.

Wenn Sie mit anderen zusammen essen, zählen für Sie und Ihre Diät nur die Kalorien, die Sie mehr essen als die Anderen.

Essen, das zu medizinischen Zwecken eingenommen wird, zählt nicht, z. B. heiße Schokolade, Rotwein, Cognac, Grog.

Essen, das als Teil eines Unterhaltungsprogramms (z. B. Fernsehen, Video, Musikhören) verzehrt wird, enthält keine Kalorien, da es nicht als Nahrung, sondern als Teil der Unterhaltung zählt.

Diese Regel können Sie auch bei Geschicklichkeits- und Gesellschaftsspiele anwenden, bei denen als Belohnung etwas gegessen oder getrunken wird. Mit knurrendem Magen macht das doch sonst keinen Spaß.

Kuchenstücke enthalten keine Kalorien, wenn sie gebrochen und Krümel für Krümel verzehrt werden, weil Fett verdampft, wenn es aufgebrochen wird.

Alles, was während des Kochens von Messern oder aus Töpfen geleckt wird, enthält keine Kalorien, weil es Teil der Zubereitung ist. Essen mit der gleichen Farbe hat auch den gleichen Kaloriengehalt *(z. B. Tomaten und Erdbeermarmelade, Pilze und weiße Schokolade, Sauerkraut und Streuselkuchen, Zucker und Salz).*

Bei den Flüssigkeiten ist es wie bei den Speisen: Gleiche Farbe – gleiche Wirkung. Cola und Kakao sind Kalorienbomben. Mineralwasser und Wodka nicht.

Tiefkühlkost enthält keine Kalorien, da Kalorien eine Wärmeeinheit sind. Das gilt auch für Tiefkühlpizza.

Die Kalorien, die Sie eventuell durch ein zu heißes Essen zu viel aufgenommen haben, können Sie mittels eines großen Eisbechers wieder abbauen, weil dann die Wärmeeinheiten durch die Kälteeinheiten neutralisiert werden.

Ganz wichtig: Je mehr Sie diejenigen mästen, die täglich um Sie herum sind, desto schlanker werden Sie selbst.

Es wird behauptet, dass körperliche Betätigung, vor allem Sport den Erfolg einer Diät sehr unterstützt, vor allem sportliche Betätigung an frischer Luft. In unseren Breiten ist aber meist das Wetter nicht dafür geeignet. Betätigen Sie sich deshalb zu Hause. Wenn da der Platz nicht ausreicht, dann reden Sie wenigstens viel, vor allem von und über Ihre Diät. Das verbraucht auch Energie. Viele Frauen tun das schon mit bestem Erfolg.

Ob jemand gerade eine Diät macht, merken Sie meist daran, dass sie schneller, lauter und auch mehr spricht. Tun Sie das auch. Sprechen Sie immer und bei jeder Gelegenheit über die Diät, die Sie gerade machen. Es wird Ihnen zumindest seelisch helfen.

Es werden heutzutage so viele Arten von Diäten angeboten, dass man glauben sollte, wirklich nicht allen nachkommen zu können. Wer sagt Ihnen denn, dass Sie die alle nacheinander machen müssen. Machen Sie die gleichzeitig, auch wenn es manchmal etwas schwer fällt, mehrere Diätmahlzeiten gleich hintereinander zu sich zu nehmen. Manchmal passt es auch geschmacklich nicht so gut zusammen. Seien Sie mutig. Sie machen Ihre Diäterfahrungen in viel kürzerer Zeit ... und, eins haben Sie den anderen voraus, satt sind Sie dann bestimmt.

Falls Ihnen ein Diätgericht infolge ungünstiger Farbe oder ungewohntem Geschmack widerstehen sollte, bieten Sie es Ihrem Partner an, damit er weiß, welche Qualen Sie sich seinetwegen mit dieser Diät unterziehen. Mag es der Mann auch nicht, geben Sie etwas Butter dazu und stellen es dem Hund hin. Sollte der das dann auch nicht fressen wollen, können Sie es wegwerfen.

Alles was Spaß macht ist normalerweise verboten, ist unmoralisch oder macht dick. Bei Diät trifft das alles nicht zu. Suchen Sie sich also jemanden aus, der daran schuld sein könnte, dass Sie Diät machen müssen. Lassen Sie täglich und möglichst mehrmals Ihre Wut an ihm aus. Das regt Ihren Kreislauf und den des Sündenbockes an, was sich wiederum positiv auf die beiderseitige Energiebilanz auswirkt. Sie werden sehen, auch wenn am Ende alles umsonst war, dann hat Ihnen diese Seite der Diät wenigstens Spaß gemacht. Verfechten Sie die gerade genannten Hinweise eisern. Man wird Ihnen das Gegenteil nicht beweisen können, wenn Sie nicht wollen.

Einkauf von Lebensmitteln im Diätfall

Brennwert. Die Angabe des Brennwertes eines Nahrungsmittels in Kilokalorien betrifft nur das Kohle-Äquivalent. Das bedeutet, dass Sie die gleiche Menge Brikett verfeuern müssten, um die angegebene Heizleistung zu erzielen. Diese Angabe auf Verpackungen ist nur üblich, um die Entsorgung überlagerter Nahrungsmittel im industriellen Recyclingprozess abrechnen zu können. (Siehe auch in einschlägiger Literatur unter „Energetische Ausbeute der Müllverbrennung".)

Für Ihren Diätplan sind diese Angaben besonders wenn sie sehr hoch sind, ohne Belang. Ihr persönliches Augenmaß ist in jedem Fall entscheidender.

Kilo. Kilo ist nur eine Gewichtsangabe und hat mit Nährwert nichts zu tun. *(Ein Liter Wasser entspricht einem Kilo, hat aber keine Kalorien.)* Beweis: Wasser wird vom Körper nicht aufgenommen, sondern ist nur ein Durchlaufposten, der automatisch und vollständig ohne Gewichtszuwachs vom Menschen nach einer Weile wieder ausgeschieden wird. Für die *Kilokalorie* gilt das genauso.

Angebot. Bei Lebensmitteln, die im Angebot und deshalb preiswerter sind, ist der Nährwert im gleichen Verhältnis wie der Preis abgesenkt. Sie können davon entsprechend mehr essen, ohne Gewichtszunahme befürchten zu müssen. Sehen Sie deshalb die Werbung der Supermärkte gezielt auf preisreduzierte Lebensmittel durch.

Brot. Das Brot ist ein Lebensmittel, das reich an Nährstoffen ist und einen hohen Sättigungsgrad garantiert. Verhalten Sie sich deshalb vorsichtig in seiner Verwendung. Wer sich nach Brot essen satt fühlt, hat bei seiner Diät etwas falsch gemacht.

Da dunkleres Brot eine festere Krume hat, nimmt es beim Bestreichen etwa 20% weniger Fett auf. Wenn Sie

schlank bleiben wollen, essen Sie deshalb mehr Vollkorn-
brotschnitten mit Fett.

Allgemeine Haushaltführung

Die unter Aufsicht der Mutter oder der Schwiegermutter
erfolgende Einübung in die sogenannte Haushaltführung ist
eines der gefährlichsten und vor allem wirksamsten Mittel,
um Ihre Selbstverwirklichung zu verhindern. Deshalb ist der
effektiven Haushaltsführung hier ein größerer Raum eingeräumt. Falls Sie diesen Abschnitt überlesen sollten, weil er
Ihnen nicht attraktiv genug erscheint, dann werden Sie das
bitter bereuen.

Prinzipielles zur Haushaltführung

Die Mutter des Mannes ist meist die Person, die im Interesse
der artgerechten Haltung ihres Sohnes auf einer sogenannten
Haushaltführung bestehen wird. Er auch, denn sie hat ihn
schließlich auf diesen Service abgerichtet, wenn auch ursprünglich nicht für Sie, sondern um ihn in ihrer Abhängigkeit zu halten.

Sie weiß, dass er diese Bequemlichkeit nicht vermissen
möchte und hoffte unterschwellig, ihn damit auf Dauer an
sich zu binden. Das ist fortgeschriebenes und ererbtes tradi-
tionelles Verhalten.

Halten Sie das mit der Hauswirtschaft in Grenzen, weil es
meist Geld und Zeit kostet, ohne dass Sie selbst etwas davon
hätten. Die Vortäuschung einer Haushaltführung ist allerdings von Nutzen. Erzählen Sie viel von Ihren Mühe und
Belastungen durch die Haushaltführung, ohne jemals daran
zu denken, irgendetwas davon zu tun.

Vergessen Sie nie, dass Sie niemand auf der Grundlage irgendeines Gesetzes dazu zwingen kann, einen Haushalt im herkömmlich-bürgerlichen Sinn zu führen.

Haushaltführung ist nur eine traditionell überkommene Art des Wohnens, die sich als Ordnungsprinzip für das Zusammenleben in einer Großfamilie bewährt hat, womit man die Übersicht behält und absichert, dass alle auch ihren häuslichen Pflichten nachkommen.

Das ist ein arbeitsteiliger Prozess. Solche Prozesse versklaven bekanntlich die darin eingebundenen Individuen. Das brauchen Sie absolut nicht. Die ganze Verkaufswerbung ist darauf eingerichtet, das materiell zu zementieren. Ist ein Haushalt dann mit allem eingerichtet, ist das alles nach kürzester Frist schon nicht mehr zeitgemäß, weil die nächste Mode das schon vom Design her entwertet hat. So ist dafür gesorgt, falls Sie sich in diesen Wettlauf der Anbieter einlassen, dass Sie stets damit beschäftigt sind, den neuesten Trends hinterher zu hecheln, und sich dabei auch finanziell aufzureiben.

Mit der kompletten Einrichtung eines Haushaltes versucht man Sie auf Gewohnheiten festzunageln, die Ihre kostbare Zeit fressen und es geht Ihnen eine Menge Geld, vor allem seins, verloren, welches Sie für wichtigere Dinge benötigt hätten, denn Ihr eigenes Geld in so eine unsichere Sache wie einen Haushalt zu investieren, das muss man als Frau grundsätzlich vermeiden.

Lassen Sie auch angeblich wichtige Arbeiten einfach liegen. Wenn es tatsächlich notwendig sein sollte sie zu erledigen, werden Sie das merken. Das lässt sich meist nachholen. Besser ist noch, wenn das dann jemand anderes macht. Meist findet sich dann auch jemand, der das tut. Das erfordert anfangs Ihrerseits viel Geduld, weil Ihnen jeder da hineinzureden versuchen wird.

Irgendjemand muss in einer Wohnung derjenige sein, der weiß und auch sagt, wo es langgeht. Das sind Sie. Anfangs werden Sie in Ihrem eigenen Interesse ab und zu noch mit Hand anlegen müssen, ehe sich bei den anderen, vor allem der Schwiegermutter diese Erkenntnis verfestigt hat. Und manchmal muss man anderen auch zeigen, wie man etwas gern erledigt hätte.

Behandlung der Hauswirtschaftsgeräte

Ein weiterer Aspekt der Haushaltsführung ist der des sparsamen Wirtschaftens, damit das Geld nicht für unnütze Dinge draufgeht. Auch die Vorbeugung gegen Unglücksfälle ist hier wichtig. Nachstehend ein paar Tipps und Tricks, damit Sie sich nicht durch Unerfahrenheit etwa blamieren.

Zurzeit wird sehr viel Wert auf die Pflege der für die Hauswirtschaft gekauften Dinge gelegt. Damit wird Ihnen über die Werbung suggeriert, dass seitens des Handels und der Hersteller kein Interesse an irgendwelchen Garantiedienstleistungen besteht. Das ist nur reine Augenauswischerei. Ob eine Sache, die *spülmaschinengeeignet* ist, auch *waschmaschinenfest* ist, erfahren Sie sowieso erst in der Praxis, indem Sie es ausprobieren. Wenn etwas demzufolge die von Ihnen vorgenommene Behandlung nicht verträgt, dann taugt es auch nichts. Lassen Sie es reklamieren. Was Sie damit angestellt haben, muss niemand wissen.

Lassen Sie das den Mann erledigen. Dazu ist er schließlich da, das ordentlich zu klären. So ersparen Sie sich viel Ärger und Überraschungen, und wissen auch, dass alles das, was Ihnen bisher widerstanden hat, auf alle Fälle auch brauchbar ist, auch wenn Sie es nicht zu benutzen beabsichtigen.

Generelle Küchen- und Haushalttipps

Solange es noch üblich ist, selbst Speisen zuzubereiten, wird auch eine Frau nicht umhin können, ab und zu ebenfalls die Küche zu benutzen und sei es nur, um sich selbst zu ernähren. Einbauküche, das ist das, was neben Waschbecken, Dusche und Kloschüssel in einer Mietwohnung meist leider schon vorher fest eingebaut ist. Das ist eine der unangenehmen und kaum vermeidbaren technischen Begleiterscheinungen, wenn Sie mit dem Mann eine gemeinsame Wohnung beziehen.

Im Fernsehen kocht in der Werbung und in den Kochshows neuerdings meist ein Mann. Diese Leute sind aber Berufsköche oder Models. Ob das essbar ist, was die da fabrizieren, ist sowieso nicht nachprüfbar. Sollte Ihr Exemplar sich auch zum Herd hingezogen fühlen, dann lassen Sie ihm diesen Bereich. Das gilt auch für alle anderen Bereiche der Haushaltführung. Alles, was er macht, bleibt Ihnen erspart. Aber wenigstens zu Anfang sollten noch Sie das regelnd beaufsichtigen, damit es nicht ins Irreale ausartet oder zur Kunst wird. Nachstehend einige Tipps:

Kochen. Lassen Sie sich nicht zur Zubereitung komplizierter Gerichte aus dem Kochbuch verleiten. Falls es Ihnen einmal passieren sollte, dann wissen Sie was ich meine und Sie wissen auch, wie Sie das bei nächster Gelegenheit vermeiden.

Es gibt übrigens sehr viele sehr exotisch klingende Speisen in Tüten, Assietten, Büchsen und Gläsern zu kaufen. Nutzen Sie lieber dieses Angebot. Viel mehr als einen Topf, Besteck, eine Schere und einen Büchsenöffner werden Sie da anfangs nicht benötigen.

Eier. Die eventuelle Forderung des Partners nach einem weichgekochten Frühstücksei gilt vor Gericht als Scheidungsgrund. Eier werden beim Kochen grundsätzlich hart, egal, wie viele Stunden man sie kocht. Probieren Sie es aus.

Eier schälen. Das Schälen eines Eies erfolgt grundsätzlich erst nach dem Kochen. Es gerät sonst aus der Form und ist nicht mehr rund. Das macht dann meist keinen guten Eindruck mehr.

Einkochen, Einwecken, Konservieren. Diese Methoden der Haltbarmachung von Lebensmitteln sind mittelalterliche Relikte zur Beschäftigung der Frau in der Küche und nicht mehr zeitgemäß. Lassen Sie sich das in jedem Fall von dem, der es von Ihnen verlangt vorführen. Falls Sie anschließend wider bessere Einsicht Spaß daran finden, ist ihnen sowieso nicht mehr zu helfen. Alles was Sie da herstellen gibt es billiger und besser in jedem Supermarkt.

Flambieren. Das Flambieren von Speisen erfolgt mittels hochprozentiger Spirituosen. Lassen Sie das nicht zu. Diese Art der Zubereitung wurde von Köchen erfunden, um die in vornehmen Restaurants übliche Speisenzubereitung am Tisch für den Gast auch optisch etwas aufzuwerten. Zu Hause dient das nur der Vorverlagerung der verdeckten Sauferei des Mannes in die Mittagszeit. Die Schnapspreise sind dafür zu hoch, um ihn einfach zu verfeuern. Verzichten Sie darauf.

Fleischreifung. Um Fleisch ordnungsgemäß zubereiten zu können, sollte es entsprechend gereift sein. Zum Kochen genügt *angereiftes*, zum Schmoren *gereiftes*; zum Kurzbraten und Grillen ist *durchgereiftes* Fleisch nötig. *Überreiftes* Fleisch empfiehlt sich nicht mehr zuzubereiten. Wenn der Hund es auch nicht mehr mag, sollte man es besser nicht mehr verwenden.

Fisch. Das ist das, was meist schon stinkt, wenn man es kauft, womit man sich anschließend die Küche versaut und auch hinterher geruchsmäßig nur schwer wieder aus der

Wohnung bekommt. Sollte er gern Fisch essen wollen, dann beschaffen Sie sich möglichst kleine Fische mit vielen Gräten und kochen die nur kurz, im Ganzen ohne Gewürzzugabe und ohne sie vorher auszunehmen. Er wird kaum wieder nach Fisch verlangen, obwohl das alles „Bio" und somit sehr gesund ist.

Der beste Fisch ist der, den man im Handel in Dosen, Büchsen und Gläsern angeboten bekommt. Nach meinen Recherchen wächst dieser Fisch schon in der Dose heran, die man dann nur noch erntet und verschließt, um sie zu verkaufen. Dieser Fisch hat auch keine Gräten. *(Das gleiche Verfahren wie bei „Williams Birne", Sie wissen schon, wo auch die Birne als ganze Frucht mit in der Schnapsflasche drin ist. Die ist auch grätenfrei.)*

Müll rausbringen, Abwaschen. Das sind keine Arbeiten für Frauen. Das muss der Mann bringen, und zwar ohne, dass man ihn ständig dazu auffordern muss. Sagen Sie ihm das.

Kochen. Für diese Tätigkeit braucht man vor allem zuerst einmal einen Topf. Was man sonst noch dazu braucht, findet sich dann in einem Haushalt meistens.

Heißes Wasser. Hat man zufällig zu viel heißes Wasser zubereitet, dann empfiehlt sich das Einfrieren. Heißes Wasser kann man im Haushalt immer gebrauchen.

Frühstückseier. Falls Sie Frühstückseier kochen sollten, nehmen Sie einen etwas größeren Topf und geben Sie den vorher eingestellten Kurzzeitwecker mit ins Kochwasser. Damit sichern Sie, dass die Kochzeit auch in Abhängigkeit von der Temperatur optimal ist. *(Vorsicht bei Eieruhren mit Sandfüllung, dass dabei das Glas nicht platzt.)*

Notversorgung Kaffee. Sollte Ihre Kaffee- oder Espressomaschine kaputt sein, können Sie trotzdem Kaffee kochen, indem Sie Instantkaffeepulver mit kochendem Wasser übergießen. Geben Sie aber vorher unbedingt einen großen Löffel voll Kochsalz in den Topf mit dem Kaffeewasser, damit es Ihnen nicht anbrennt.

Milch. Angebrannte Milch riecht abscheulich. Damit die Milch nicht anbrennt, kocht man sie am besten im Wasserbad. Sobald Sie also den Topf mit der Milch auf den Herd gestellt haben, lassen Sie sich warmes Wasser in Ihre Badewanne ein und baden Sie ausgiebig, während in der Küche die Milch kocht.

Pellkartoffel. Unaufwendigste Form der Zubereitung von Kartoffeln. Zutaten: Kartoffeln, Wasser. Geräte: Topf. Eine Kochstelle (*ist meistens vorhanden*), und Zeit.

Pilze. Entgegen der landläufigen Meinung kann man jede Art von Pilzen in jeder Art der Zubereitung und auch unzubereitet essen. Einmal bestimmt. Ob mehrmals, das entscheidet sich nach der ersten Mahlzeit. Lassen Sie auf jeden Fall Ihn das ausprobieren, falls er auf Pilzgerichten besteht.

Pizza. Lassen Sie sich kein Pizzabackbuch andrehen. Kaufen Sie auch keine Fertigbackmischungen oder Fertiggewürze für Pizza, möglichst auch keine in Folie eingeschweißte Tiefkühlpizza. Sie werden damit nur sich und Ihre Küche ruinieren.

Die Einschweißfolie erzeugt darüber hinaus beim Aufbacken der Pizza meist giftige, zumindest in die Nase stechende chemische Gase. Die Kenntnis der Telefonnummer des nächstgelegenen Pizzaservices reicht in jedem Fall. Die liefern auch gleich den passenden Wein mit dazu.

Küchengeräte. Es wird in Haushaltsratgeberbüchern je nach Leserkreis die Grundausstattung einer Küche aufgelistet. Lesen Sie das nicht. Ein Singlehaushalt, selbst mit Mann benötigt das alles nicht. Merken Sie sich, dass Sie auf jeden Fall einen Kronenkorkenöffner und einen Korkenzieher haben müssen, damit Sie beim Flaschenöffnen nicht Möbelkanten beschädigen oder Korken in die Flasche hineindrücken müssen. Alles andere ist überflüssig. Wenn Ihnen anfangs etwas zu fehlen scheint, dann können Sie das später immer noch nachkaufen lassen.

Tütensuppe. Dieses Erzeugnis, auch manchmal auch als Instantgericht im Handel vertrieben, besteht aus einem undefinierbarem meist gräulichem Pulver, was in warmem oder kochendem Wasser aufgelöst dann nicht so aussieht, wie auf der Verpackung abgebildet. Sich davon zu ernähren entspricht den Bedingungen des Pfadfinder-Härtetestes, kann jederzeit als Mutprobenbeweis vorgezeigt werden, schützt aber vor dem Verhungern.

Die künstlerische Verwertung der entleerten Tüten zur Wandgestaltung hat einiges für sich. Mit einem Textmarker schreiben Sie dann groß und deutlich das Datum auf die jeweilige Tüte, an welchem Sie deren Inhalt zubereitet und verzehrt haben. Anschließend kleben Sie die Tüte an eine der Wände. Es entspricht dem, was der Jäger auch macht, wenn er die Geweihe der erlegten Böcke in seinem Jagdzimmer an die Wand nagelt.

Salz. Das am häufigsten verwendete Gewürz. Die einmalig zu sich genommene Menge von 250 g wirkt beim Menschen nachgewiesenermaßen tödlich. Alte Ehepaare behaupten aber seltsamerweise, gemeinsam schon manchen Zentner Salz verspeist zu haben. Ziehen Sie daraus keine falschen Schlüsse. Das beweist nur, wie widerstandsfähig der Mensch im Allgemeinen sein kann und dass selbst bewährte Methoden nicht immer erfolgreich sind.

Geflügel. Im Supermarkt und an der Fleischtheke erhält man das Geflügel in bereits verzehrfertigem, bzw. für die Zubereitung vorbereitetem Zustand. Sie müssen es im Zweifelsfall, falls es also noch roh sein sollte, nur noch zubereiten. *(Waschen, würzen, evtl. entbeinen, füllen, schmoren, braten, backen oder kochen.)*

Biogeflügel. Beim Biobauernhof erhalten Sie das Geflügel meist im Rohzustand ganz frisch und auch noch lebend, auf Verlangen aber auch schon tot. Sie müssen es dann nur noch *abbrühen, rupfen, absengen, ausnehmen, abwaschen,* eventuell *füllen* und *würzen,* bevor Sie es dann, wie vorstehend gerade beschrieben verzehrfertig zubereiten.

(Verfallen Sie übrigens nicht in die Vorstellung, dass Geflügel schon von Natur aus gefüllt ist. Das sieht nur so aus. Das merken Sie spätestens, wenn Sie es im Ganzen zubereitet auf den Tisch bringen.)

Hase, Kaninchen. Sofern man Ihnen ein solches Tier im Originalzustand frisch erlegt zur Speisezubereitung andienen möchte, lehnen Sie es ab. Diese Tiere lassen sich im Gegensatz zum Geflügel nur sehr schwer rupfen. Das ist meist eine Schinderei, die Ihnen nicht und von niemand gedankt wird.

Wurst. Die Wurst ist meist ein beutelähnlicher Behälter, in den eine gewürzte Fleischzubereitung verschiedener Art (roh, geräuchert, gekocht) in zylindrischer Form enthalten ist. Der Behälter ist meist prall gefüllt und an beiden Enden zugebunden. *(Da haben Sie ein absolut gesichertes Originalprodukt vor sich, weil Ihnen da niemand etwas hineintun kann. Eine ähnliche Sicherheit der Unverfälschtheit von Nahrungsmitteln haben Sie höchstenfalls noch beim Ei.)*

Obst und Gemüse. Obst und Gemüse sind der überwiegende Bestandteil der Zutaten für Diätrezepte. Es ist sehr gesund. Man hat noch nie krankes Obst oder Gemüse wegen irgendwelchen gesundheitlichen Beschwerden beim Arzt im Wartezimmer sitzen sehen.

Gemüse. Gemüse muss vor der Zubereitung und dem Verzehr *ausgelesen, gewaschen* und *geputzt* werden. Das ist zwar nicht notwendig, weil auch schmutziges Gemüse nicht ungesund ist (Siehe oben), sondern wegen der Beimengungen. Im Gemüse, vor allem im Salat befinden sich bekanntlicherweise auch kleinere Tiere, wie Würmer, Käfer oder Schnecken. Bei der meist beabsichtigten vegetarischen Ernährungsweise könnte es bei Belassung zu Fehlernährung kommen. Zumindest Ihre Gäste werden es Ihnen übel nehmen, wenn Sie naturbelassene Zutaten ungereinigt verwendet und auf den Tisch gebracht haben.

Obst. Es gilt generell das gleiche wie bei Gemüse. Statt es zu putzen wird es aber meist *geschält* oder *entkernt*, zumindest *gewaschen*, wenn es nicht noch *gekocht*, *vermust*, *gewürzt* oder *zerkleinert* werden muss.

Generelle Regel für alle Gerichte. Falls das, was Sie oder jemand anderes als Speise zubereitet haben, eventuell schon beim Servieren vom Teller zu fliehen versucht, dann ist irgendetwas falsch gemacht worden. Ich rate Ihnen dann, das nicht unbedingt sofort essen zu wollen. Warten Sie besser erst die Reaktion der Anderen ab und entscheiden Sie dann, wie Sie das Problem beheben.

Falls Sie weder Veganerin, noch Vegetarierin sind, dann können Sie eigentlich zusätzlich zu dem, was die Vertreter dieser Glaubensrichtungen zu sich nehmen, alles essen, was mit dem Rücken zum Himmel zeigt, und auch alles das, was zwei, drei, vier oder mehr Beine hat, kein Tisch ist, schwimmt fliegt, läuft oder kriecht, und auch sonst nicht unter die Sammelbezeichnungen Möbel, Geschirr, Bekleidung oder sonstige technische Ausrüstung fällt. *(Kannibalismus klammern Sie allerdings besser aus, wenn es die Landessitte nicht ausdrücklich erfordert.)*

Angebrannte Speisen generell. Es empfiehlt sich in jedem Fall alles wegzuwerfen, auch den Topf, in dem etwas an-gebrannt ist. Diese Dinge karitativen Zwecken zuzuführen oder an gemeinnützige Einrichtungen als Spende abzugeben wird nicht empfohlen. Man muss da mit hässlichen und auch bösartigen Reklamationen rechnen.

Backformen und Töpfe sowie Schüsseln aus Kunststoffen eignen sich nicht zum Anbraten, Backen, Kochen oder Schmoren auf Gas- und Elektroherden, weil sie aus der Form geraten, undicht werden können, oder sich mit dem jeweiligen Back-, Brat- oder Gargut unlösbar verbinden und dabei auch manchmal Rauch oder sonstige üble Gerüche freisetzen, die sich dann in der Polsterung von Möbeln, dem Teppich oder in den Gardinen festsetzen.

Die Ergebnisse solcher Bemühungen kann man eventuell noch als abstrakte Kunstwerke weiterverwenden, sofern in ihnen keine verderblichen Materialien enthalten, sie also gut durchgebacken oder durchgeglüht und weitestgehend geruchsfrei sind. Ein anschließend aufgebrachter Überzug aus farblosem Lack hat sich da meist bewährt. Der künstlerische Effekt wird dadurch in jedem Fall gesteigert.

Das fällt allerdings dann nicht mehr unter Haushaltführung oder Küchenarbeit, sondern unter *künstlerische* oder auch *kreative Freizeitbetätigung*. Hier haben Sie also selbst in diesem abwegigen Bereich der Hauswirtschaft einen Ansatzpunkt für eine Art Selbstverwirklichung, den ich in diesem Zusammenhang allerdings nicht weiter verfolgen, sondern ganz Ihrer eigenen Kreativität überlassen möchte.

Küchengerüche. Eine unliebsame Begleiterscheinung der Sklaverei im Zusammenhang mit der Essenszubereitung. Lassen Sie es am besten nicht erst darauf ankommen. Auch wenn verschiedene Möglichkeiten der Küchengeruchsbeseitigung im Angebot sind, Sie entgehen dem nur generell, wenn Sie eine Küchengeruchsallergie entwickeln und so die Küchenarbeit für sich ganz vermeiden.

Küchengeruchsallergie. Die eigenständige Entwicklung einer tobsüchtigen Variante der weiblichen Küchengeruchsallergie ist die effektivste. Sie gewinnen dadurch vor allem Zeit, die Sie nutzbringender als in der Küche verbringen können.

Abwehr überflüssiger Ratschläge

Man wird von Ihnen trotz Ihrer eindeutigen Abwehrversuche erwarten, dass Sie die Haushaltführung übernehmen. Sobald Sie sich darauf eingelassen haben, bekommen Sie hilfreiche Hinweise, wie man das anders macht, als Sie das wollen. Wenn also an Sie solche Dinge herangetragen werden: ... *Sammeln von Obstschalen und deren Trocknung, um Tee daraus zu kochen, Bananenschalen aufzuheben, um damit die Schuhe zu putzen, Rezepte zum Aufbacken altbackener Brötchen, das Kochen von Marmelade aus unansehnlich gewordenem Obst, was keiner mehr mag, das portionsweise Einfrieren von Essenresten für später, die Zubereitung angeblich schmackhafter neuer Gerichte aus diesen gefrorenen Abfallresten, das Anlegen von Depots für Vorräte, beispielsweise Kartoffeln für den Winter. Dazu vielleicht eine Unterweisung im Stopfen von Löchern in Bekleidungsstücken, das Annähen von Knöpfen, oder wie man ein Oberhemd bügelt, vielleicht sogar die Adresse, wo sich die nächste Wäschemangel am Ort befindet...*

Dann befinden Sie sich auf dem Weg der Versklavung durch die Schwiegermutter über den Mann. Befreien Sie sich davon, indem Sie das kreativ anwenden. Seine neue Wildlederjacke mit Bananenschale abgerieben ist bestimmt eine Erfahrung von bleibendem Wert. Backen Sie ihm die Brötchen, die Sie vorher erst altbacken werden lassen, ruhig etwas schärfer auf. Den Apfelschalentee müssen Sie nicht zu stark ansetzen, bieten Sie ihm den aber ständig an. Das macht auch nichts, wenn das Zeug mal zwischendurch etwas schimmlig war. Sie selbst müssen das ja nicht unbedingt auch trinken. Wie man kreativ aus Essenresten etwas Neues fabriziert, was nicht nur ungenießbar ist, sondern auch schlecht riecht und sogar dem Auge missfällt, das schaffen Sie auch ohne meine Hinweise. Die Erzeugung von Brandlöchern mittels Bügeleisen in teuren neuen Bekleidungsstücken des

Mannes beherrschen Sie bestimmt schon und Socken mit Löchern frisst bekanntlich die Waschmaschine schon von ganz allein. Da kann man auch etwas nachhelfen. Unmoderne oder verhasste Kleidungsstücke, vor allem geschenkte, eignen sich nach der ersten Kochwäsche oft gut als Kleiderspende für soziale Kindereinrichtungen. Es heißt ja, dass man alles, was man an Bekleidung neu anschafft, erst einmal waschen sollte. Die Erwähnung folgender Tätigkeitswörter im Zusammenhang mit Speisenzubereitung sollte Ihren inneren Fluchtreflex und zugleich unüberwindlichen Abscheu dagegen wecken: ...*kochen, backen, braten, dünsten, dämpfen, schmoren, aufwellen lassen, abschäumen, klären, durchseihen, pochieren, ziehen lassen, aufkochen, unterrühren, legieren, anschwitzen, überbacken, anrühren, steif schlagen, schaumig rühren, unterheben, kneten, abziehen, ausrollen...* Die gleichen Reflexe bilden Sie besser auch bei folgenden Worten aus, die sich meist auf die Wohnräume und das Möbel beziehen: ... *putzen, polieren, abseifen, absaugen, abkehren, scheuern, entstauben, abwaschen, aufwischen, bohnern, einweichen und trocken wischen...* Genau so gefährlich sind im Bezug auf irgendwelche Bekleidung: ... *stopfen, abnähen, zunähen, flicken, ausbessern, bügeln, dämpfen, mangeln, annähen, wenden, sticken, stricken, ketteln, häkeln, schneidern, zuschneiden, ausputzen, vorsortieren, einweichen...*

Die Verfahrensweise ist ähnlich der bei der Entwicklung der Küchengeruchsallergie zu handhaben. Auch hier ist die tobsüchtige Variante der kreativen Verweigerung am empfehlenswertesten.

Festlichkeiten / Party

Nachdem Sie nun den ganzen Komplex der mit der Haushaltführung befassten Probleme hinter sich haben, noch ein genereller Ratschlag zu sogenannten Festlichkeiten.

Lassen Sie sich niemals und unter keinen Umständen zu dem verleiten, was sich die gehobene Bürgerlichkeit darunter vorstellt und das sogar noch zu Hause durchzuführen. Das bringt Sie mit der Zeit um. Das überstehen Sie nicht.

Das bringt Ihnen nur etwas, wenn es in einer Gaststätte durchgeführt wird, wo Sie ebenfalls Gast sind und jemand anderes das für Sie organisiert und auch finanziert.

Bestehen Sie, falls es unbedingt bei Ihnen stattfinden muss, unbedingt auf Partycharakter aller geplanten Zusammenkünfte und wenn es geht und Sie darüber verfügen, dann auf einer Freiterrasse oder in einem Gartengelände mit entsprechend großer Wiese.

Dazu ist außerdem vorteilhaft, auf der modernen amerikanischen Form der Party zu bestehen. Falls Sie die noch nicht kennen, dann hier der grobe Rahmen:

Sie stellen die Örtlichkeit in Form eines Stücks Wiese, eventuell für schlechtes Wetter eine für alle Fälle ausgeräumte Garage, einen CD-Spieler und den Grill, was Sie eventuell alles sogar ausleihen sollten, weil es beschädigt werden könnte. (Ob Sie nun Gartenmöbel, oder überhaupt Möbel, bzw. Geschirr oder Besteck stellen, ist Ihnen freigestellt, aber empfehlenswert. IKEA hat da im unteren Preissegment für Gläser, Geschirr und Besteck sehr gute Angebote.) Alles andere bringen die Gäste mit. (Also: Getränke in Flaschen oder Fässchen, bzw. Tetra-Packs und auch verschiedene Salate, Brot, Brötchen, die Kohle und das Fleisch zum Grillen, sowie die neuesten CDs für Ihre Beschallungsanlage, denn ohne Musik läuft es meist nicht.)

Je mehr Gäste, um so mehr ist verständlicherweise auf Ihrer Party im Angebot. Falls es jemand kann, empfiehlt sich, ihm die Bedienung des Grills zu übertragen. Im Notfall sollten Sie auch eine Mindestmenge an Gewürzen und auch eine Flasche Ketchup im Hause haben.

Verlassen Sie sich auch nicht auf die Bereitwilligkeit und Phantasie der Eingeladenen. Klären Sie bei Ausgabe der Einladungen auch gleich, wer den Kartoffelsalat und wer die bereits gebratenen Schnitzel mitbringt, und auch, wer welche Art und vor allem welche Menge von Getränken. Wenn Sie das nicht beachten, stehen Ihnen dann womöglich die Gäste mit einer unzureichenden Menge verschiedener Rotweinsorten von Aldi hungrig herum.

Läuft Ihnen dabei in der Organisation etwas daneben oder aus dem Ruder, können Sie Ihren Partner zwar wie immer noch hinterher als Prügelsack benutzen, aber es wird Ihnen nichts mehr helfen, wenn Sie Ihre Gäste einmal enttäuscht haben.

Das mit der eigenen Party ist auch dann, wenn Sie alle meine Hinweise beachtet haben, wohl das härteste Geschäft, was Sie sich aufhalsen können. Also, Finger weg davon. Lassen Sie sich immer einladen.

Reinigung der Wäsche

Das Wäsche waschen ist eine der einfachsten Angelegenheiten in der Hauswirtschaft. Es wird von der Waschmaschine erledigt.

Um die Verbraucher zu verwirren, werden von den Herstellern meist Stoffstreifen mit verschiedenen sogenannten Waschsymbolen in die Textilien eingenäht. Das ist nur Täuschung. Würden Sie sich nach diesen Symbolen richten, müssten Sie jedes Wäschestück einzeln waschen. Das macht eine Menge zusätzliche Arbeit und geht durch den zusätzlichen Wasser- und Stromverbrauch auch tüchtig ins Geld.

Gehen Sie so vor: Ermitteln Sie das Wäschestück, in dessen Etikett die höchste Waschtemperatur angegeben ist. Stellen Sie diese Temperatur als Waschtemperatur ein. Damit stellen Sie sicher, dass Sie auch wirklich alle Flecke aus allen mitgewaschenen Kleidungsstücken herausbekommen. Füllen Sie dann die Waschmaschine mit so viel schmutziger Wäsche aller Art, wie Sie hineinbekommen.

Es wird auf den in die Wäsche eingenähten Etiketten meist auch angegeben, welches Material das ist, aus dem das Kleidungsstück besteht, beispielsweise Wolle, irgendwelche Kunststofffasern oder Baumwolle, bzw., in welcher Mischung. Kümmern Sie sich nicht darum. Wenn die Wäsche fertig gewaschen aus der Maschine kommt, sehen Sie das dann sofort, ob die Wäsche aus für Ihre Behandlung geeignetem Material hergestellt war. Was aus minderwertigem Material bestand sehen Sie sofort. Es ist entweder verfärbt, verformt, eingelaufen oder nicht sauber geworden.

Die Auswahl an verschiedenen Wasch- und Waschhilfsmitteln ist zurzeit nicht mehr überschaubar. Sie werden sich mit Sicherheit in den verschiedenen Verbrauchshinweisen verirren, wenn Sie die lesen wollten. Auch der Mann wird Ihnen da nicht helfen können.

Ich persönlich habe festgestellt, dass sich nicht nur Waschpulver gleich welcher Art, Sorte und Hersteller, sondern auch andere Materialien in jede Art Waschmaschinen einfüllen lassen und noch nie eine Waschmaschine dagegen protestiert hat.

Bei Flüssigwaschmitteln ist das ähnlich und auch portionsweise abgepackte Waschmittel oder Tabs lassen sich da problemlos verwenden. Auch mit Benzin oder Fensterputzmittel habe ich gute Ergebnisse erzielt. Nehmen Sie, was gerade so verfügbar ist. Haben Sie Mut.

Wenn das dann mit der Wäsche eventuell trotz der zwei Weißmacher des Waschmittels nicht so geworden ist, wie der Mann es gern gehabt hätte, dann fällt Ihnen schon etwas ein. Ihm werden Sie wohl noch etwas weis machen können. Viel-

leicht übernimmt er danach sogar die Erledigung der sogenannten Großen Wäsche.

Sockenverlust. Manche Waschmaschinen haben die Angewohnheit, nicht alle Wäschestücke wieder zurückzugeben,
die man ihnen zum Waschen übergibt. Man spricht da meist
vom Sockenschwund. Merken Sie sich:

*Wenn Sie eine gerade Anzahl Socken in die Wäsche gegeben ha-
ben, kommt immer eine ungerade Anzahl wieder aus der Maschine.
Machen Sie sich deshalb keine Sorgen. Bei der nächsten Wäsche ist
das genau wieder so. Da gleicht sich dadurch dann wieder aus. Sie
können aber auch gleich eine ungerade Anzahl Socken in die Maschine geben, um eine gerade Anzahl wieder heraus zu bekommen.*

Viele Textilien haben schlechte Eigenschaften. Sie *verfilzen,
krumpfen, verfärben sich* oder *verblassen, leiern aus, verlieren Knöpfe,*
müssen *gebügelt* werden oder *zerreißen* auch im Laufe der Zeit.
Verinnerlichen Sie sich und vor allem in Anderen: Was Ihren
Benutzungsgewohnheiten nicht gewachsen ist, das ist auch
nichts wert. Da brauchen Sie keine Träne unnütz zu vergie-
ßen.

Werfen Sie weg, was nicht mehr verwendbar ist. Schon
Darwin sprach da von der natürlichen Auslese. Das ist ein
Naturgesetz. Lassen Sie sich nichts anderes einreden.

Fleckentfernung

Der Fleck ist ein Phänomen, welches in Form eines Makels
an Sachen, meist an Bekleidung auftritt. Er befindet sich
plötzlich an oder auf Irgendetwas, stört angeblich das
Schönheitsempfinden des Betrachters und verhält sich gegenüber Ihren Bemühungen, ihn wieder zu entfernen völlig
gleichgültig. Mal bekommen Sie ihn weg und manchmal

nicht. Meist wird er durch Ihre Bemühungen größer und/oder wechselt die Farbe und die Helligkeit.

Der Fleck ist selten von funktioneller Bedeutung. Eine Steppjacke mit Fleck wärmt im Winter genau so gut, wie eine ohne. Der Fleck ist ein Problem, welches aus Ihrer und der allgemeinen Unduldsamkeit unserer Zivilisation gegenüber Abweichungen von der Norm entstanden ist. Er ist also ein vorrangig psychisches Problem, welches unsere Gesellschaft dem Fleck gegenüber entwickelt hat, und welches dann wieder auf Sie zurückschlägt, indem man Ihnen beibringen will, dass Sie sich makelbehaftet fühlen sollen, wenn sich auf Ihrem Eigentum ein Fleck befindet.

Der Fleck ist erwiesenermaßen aber oft das Beständigste, was Sie an Ihrer Bekleidung haben können. Er widersteht allen chemischen Angriffsversuchen frisst sich manchmal allein weiter und ist meist beständiger als das Bekleidungsstück, in dem er sich befindet. Am besten ist es, den Fleck aus dem betreffenden Kleidungsstück herauszuschneiden. Sie haben dann anstelle des Fleckes ein Loch. Löcher entfernt man dann, indem man sie zunäht oder das betreffende Kleidungsstück komplett entsorgt. Beweis: *Wenn der Schweizer Käse alle ist, sind die Löcher in ihm auch alle weg, ohne dass sie jemand gegessen hätte. Niemand außer Bert Brecht hat bisher nach deren Verbleib gefragt.*

Es gibt viele Arten von Flecken. Nachstehend die wichtigsten zu Ihrer Information (alphabetisch geordnet):

Arzneiflecke, Asphaltflecke, Bleistiftflecke, Blumenflecke, Blutflecke, Bohnerwachsflecke, Brandflecke, Butterflecke, Druckfarbenflecke, Eiflecke, Eiweißflecke, Essigflecke, Fettflecke, Firnisflecke, Fliegenflecke, Fruchtsaftflecke, Glanzflecke, Grasflecke, Haarfärbemittelflecke, Haarlackflecke, Harzflecke, Hautcremeflecke, Honigflecke, Jodflecke, Kaffeeflecke, Kakao- und Schokoladenflecke,

Kalkflecke, Kaugummiflecke, Kleckerflecke, Knutschflecke, Kugelschreiberflecke, Lackflecke, Latexfarbflecke, Leimflecke, Likörflecke, Lippenstiftflecke, Marmeladenflecke, Maschinenölflecke, Mattineflecke, Mayonnaisenflecke, Milchflecke, Moderflecke, Mostrichflecke, Nagellackflecke, Nikotinflecke, Nussschalenflecke, Obstflecke, Ölfarbenflecke, Parfümflecke, Rostflecke, Rotkrautflecke, Rotweinflecke, Rußflecke, Sahneflecke, Salbenflecke, Säureflecke, Schellackflecke, Schimmelflecke, Schmierflecke, Schmutzflecke, Schuhkremflecke, Schweißflecke, Sektflecke, Silberflecke, Soßenflecke, Speiseeisflecke, Spinatflecke, Stempelfarbenflecke, Stockflecke, Teeflecke, Teerflecke, Tintenflecke, Tomatenflecke, Urinflecke, Wachsflecke, Wasserflecke, Weißweinflecke, Zuckerflecke.

Jede Art dieser Flecke erfordert zu ihrer Entfernung eine ganz bestimmte Methode und auch ganz spezifische Fleckentfernungsmittel. Es gibt ganze Lehrbücher zur Fleckentfernung. Die zu lesen bereitet erstens Stress, weil man sowieso nicht versteht, was da empfohlen wird und Sie vergeuden mit dem Lesen dieser Empfehlungen nur Ihre wertvolle Zeit. Außerdem ist das nur verdeckte Reklame, die Sie zum Kauf industriell erzeugter sogenannter Fleckentferner animieren soll. Das läuft dann auf mindestens doppelt hinausgeschmissenes Geld hinaus (Fleckenfibel, Reiniger, unnütze Bemühungen, Neukauf von Textilien). Außerdem steht man bei jeder Art Fleck sowieso vor dem Rätsel, welcher Art Fleck es denn eigentlich ist. Es steht nämlich nicht dran!

Gehen Sie ganz einfach intuitiv an die Entfernung von Flecken. Aus Ihrer Kinderzeit sind Ihnen bestimmt solche Ratschläge noch erinnerlich wie: *Salzflecken entfernt man aus Textilien mit Rotwein, Teerflecken mit Butter, und umgekehrt.*

Entwickeln Sie das eigenständig kreativ weiter. Am Ende können Sie das Teil immer noch in die Reinigung geben, den Fleck herausschneiden, alles wegschmeißen oder spenden.

Haben Sie also keine Angst, dass Sie irgendeinen Fleck nicht loskriegen. Im Zweifelsfall, oder wenn Ihnen gar keine andere Möglichkeit sehen, ignorieren Sie den Fleck, falls Sie ihn Ihrer Umgebung nicht als besonders raffiniertes Design verkaufen können.

Elektrische Haushaltgeräte

Auch wenn Sie alle guten Ratschläge der weiblichen Mitglieder Ihrer ursprünglichen Familie und die Ihrer Mutter in den Wind schlagen, die Schwiegermutter, oder die, welche es werden möchte, besteht oftmals auf einer vollständigen Ausstattung Ihrer Wohnung mit Haushaltsgeräten der komplizierteren Art, die Sie eigentlich gar nicht gebrauchen können. Beispielsweise (unvollständige Auflistung): *Bügeleisen, Elektro- oder Gasherd, Durchlauferhitzer, Dunstabzugshaube, Rühr- und Mixgerät, Gefriertruhe, Kühlschrank, Kaffeeschlagmühle, Kaffeemaschine, Nähmaschine, Staubsauger, Teppichkehrmaschine, Toaster, Waschmaschine, Wäschescheuder, Wäschetrockner, Brotschneidemaschine ...*
Lassen Sie sich von diesen Dingen nicht unterjochen. Damit will man Sie nur zu Hause beschäftigen. Kaufen Sie auch nichts davon selbst. Man wird Ihnen sonst stets zu beweisen versuchen, dass Sie von technischen Geräten nichts verstehen und sich irgendwelchen Schund hätten andrehen lassen. Das haben Sie nicht nötig und dem müssen Sie sich auch nicht aussetzen. Außerdem ist dieses ganze überflüssige Zeug meist ziemlich teuer. Falls jemand auf dem Vorhandensein irgendeines Gerätes besteht, lassen Sie sich das alles schenken, möglichst von dem, der es fordert. Sprechen Sie das direkt so an. Man wird entweder sofort davon Abstand nehmen, oder es Ihnen tatsächlich anschleppen.

Zwingt man Sie dann zur Benutzung, dann gehen Sie unbefangen an das jeweilige Gerät heran. Bedienungsanleitungen oder Gebrauchsanweisungen sind sowieso unverständlich geschrieben und verwirren nur, was Ihnen sowieso schon klar ist. So werden Sie nach Ihren ersten Versuchen bemerken, dass diese Geräte von Haus aus, auch wenn sie fabrikneu sind, sowieso alle schon kaputt sind und repariert werden müssten. Das übertragen Sie daraufhin Ihrem Partner, dem Mann. Der soll sich dann darum kümmern.

In diesem Fall macht es sich, wie Sie leicht feststellen können, sofort bezahlt, wenn Sie das nicht selbst gekauft haben. Das mit der Garantie des Herstellers, damit befassen Sie sich besser nicht. Damit soll sich herumärgern, der Ihnen das mit dem Gerät angetan hat. Dabei kann der Jeweilige sich auch intensiver in die Bedienungsanleitungen einarbeiten und lernt so gleich die sachgemäße Anwendung und Benutzung des Gerätes. Sollte der Mann dann beispielsweise feststellen, dass das Gerät, welches Sie als defekt bezeichnet haben, doch nicht kaputt war, dann soll er es wenigstens bedienen. Er wird schon sehen, was er davon hat. Erfahrungsgemäß erfordert die Vorbereitung, der Zusammenbau, die anschließende Reinigung und Demontage zur platzsparenden weiteren Aufbewahrung eines solchen Gerätes viel mehr Zeit, als derjenige überhaupt dafür aufwenden würde, wenn er die eigentliche Arbeit gleich ohne Gerät machen würde. Das wird auch Ihr Mann mit der Zeit bemerken, falls er rational veranlagt sein sollte. Auch das hilft erziehen. Bastelfreaks fahren allerdings auf kompliziert und aufwendig zu bedienende uneffektive Geräte ab. Unterbinden Sie das.

Eine Sache ist allerdings fast naturgesetzlich. Es sammeln sich in jedem Haushalt nach einer Weile eine Menge überflüssiger Teile und Gegenstände, die nicht repariert werden müssen, selbst dann nicht, wenn sie kaputt gehen. Werfen

Sie davon bei jeder sich bietenden Gelegenheit weg, was Sie denken, sonst verlieren Sie die Übersicht, auch wenn er behauptet, dass man das alles eventuell noch gebrauchen könnte. Denken Sie auch daran, dass alles, was so nutzlos herumsteht Sie nicht nur in der Nutzung der Wohnung einengt, sondern auch sauber gehalten werden muss, wenn es einstaubt. Da können Sie schnell üble Nachrede ernten. Das will schließlich noch nicht einmal der Mann.

Verfahrensweise
mit sogenannten praktischen Geschenken

Es kommt beim Umgang mit Verwandten, Freunden und Bekannten zwangsläufig zum Austausch von Aufmerksamkeiten in beliebigen Zusammenhängen und zu verschiedensten Anlässen. Die bekannteste Form ist die Überreichung eines Präsentes oder Geschenkes, wobei das Präsent meist nichts wert ist.

Bestehen Sie unbedingt darauf, dass Sie stets ein Geschenk beanspruchen können. Der Mann ist dazu geboren, Geschenke zu machen und die Frau, welche zu bekommen. Was Sie jedoch unbedingt vermeiden müssen, ist der Anschein, jedes Geschenk annehmen zu müssen.

Wenn Ihr Mann Ihnen ein Küchengerät schenkt, dann soll er sich zum Teufel scheren. Das schreibt sich aus der Ecke der Schwiegermutter und Sie merken auch gleich, dass Sie das für sich nicht brauchen, sondern er für das, was Sie ihm zubereiten sollen.

Es gibt aber auch das sogenannte praktische Geschenk, welches sich als Staubfänger erweist und Ihnen nur als Alibipräsent übereignet wird und außer der Ausstrahlung einer demonstrativen Nutzlosigkeit zusätzlichen Platz frisst und oft sogar Ihre Wohnbedingungen beengt. Das hat schon viele Empfänger gesehen, weil es immer weiterverschenkt wird. *(Zu protzig, zu sperrig, zu hässlich, zu grell, zu altmodisch, zu kitschig ...)*

Das verschenken Sie am besten auch weiter. Die eventuellen Widerstände, die Ihnen da der Mann bereiten könnte, sind nicht seine eigenen, sondern nur seine Angst, bei Nachfrage der Schenker zum Verbleib dieser Dinge keine befriedigende Antwort zu haben. Das müssen Sie bei ihm überwinden, obwohl bei ihm eine gewisse Rücksichtnahme auf die Gefühle anderer nie ganz ausgemerzt werden sollte.

Eine bewährte Methode, solche Geschenke loszuwerden ist allerdings auch deren geschickte Zur-Schau-Stellung. Präsentieren Sie es an einer Stelle, wo es unbedingt angerempelt, gestoßen oder umgeworfen werden kann. Kein Gegenstand ist gegen Beschädigung resistent und Beschädigtes präsentiert man nicht mehr.

Auch die unauffällige Aufstellung auf hohen oder nicht sehr standfesten Möbeln und ähnlichem, außen auf der Balkonbrüstung oder dem Fensterbrett, zur Not auch im Garten hat sich bei Dingen sehr bewährt, die aus zerbrechlichem Material bestehen oder die nicht wetterfest sind. Sie müssen dann nichts mehr weiter tun. Ihr Mann, der Hund oder die Katze, auch Kinder, erledigen beim normalen Gebrauch der Wohnung den Rest.

Auch ungelegener oder unbequemer Besuch kann auf diese Weise zu einer schlechten Gewissenslage Ihnen gegenüber gebracht werden, falls er, wenn auch ungewollt, in eine solche Falle tappt, ihnen versehentlich etwas zerschmeißt, was sowieso dafür vorgesehen war, und Sie sind ihn dann los. Da haben Sie dann sogar eine doppelte Nutzziehung aus einem Vorgang.

Wohnungsrenovierung

Seien Sie ganz kompromisslos. Gehen Sie, wenn sich trotz Ihrer Bemühungen, zu diesem Problem eine Diskussion in Gang zu bringen, niemand darum kümmern will, mit eigener Kraft ans Werk. Keine Angst, dass Sie das nicht können.

Gehen Sie in den nächsten Baumarkt und lassen Sie sich beraten. Da finden Sie die entsprechenden Regale mit den erforderlichen Materialien auch schneller. Nehmen Sie dann mit, was und wie viel Ihnen gefällt. Tapete, Farbe, Pinsel, Roller und was Sie sonst noch für gut befinden. Besser mehr als zu wenig. Nehmen Sie es mit nach Hause und beginnen Sie ganz unbefangen sofort mit der Renovierung.

Es wird Ihnen nicht gefallen und Ihrem Gatten oder Partner auch nicht. Er wird dann vom vorherigen Ausräumen der Zimmer, Abdeckplanen, Untergrundvorbereitung, Gipsen, Filzen, Abschleifen, von Makulatur und Flächenberechnung für Tapete, maßgenauem Schnitt, von verschiedenen Leimen, Bürsten, Rollern, Messlatten, dem rechten Winkel und dergleichen zu sprechen beginnen. Das ist für Sie dann der Beweis, dafür, dass er die Wohnungsrenovierung endlich als sein Problem zu erkennen beginnt.

Auf alle Fälle wird er das nicht hinnehmen, was Sie angerichtet haben und wenn er klug ist, beauftragt er dann einen Handwerker mit dieser Arbeit. Mehr wollten Sie doch auch nicht.

Es gibt aber auch den Mann, der alles selber macht, auch wenn er es nicht will und Sie auch nicht. Da müssen Sie durch, dass Sie ihm hinterher sagen, dass er das auch nicht kann, was Sie sich eigentlich vorgestellt haben. Wenn es dann der Handwerker noch einmal machen muss, wird das natürlich etwas teurer, aber eine neu vorgerichtete Wohnung muss ihm das schon wert sein.

Leicht fällt bei solchen Gelegenheiten überraschend die Notwendigkeit zur Verlegung von neuem Fußbodenbelag, Laminat, oder auch die Beschaffung eines neuen Teppichs mit an, vielleicht auch neues Möbel und Gardinen, für Sie selbst eventuell sogar ein neues modischeres Kleidungsstück. Je nachdem, wie energisch und wie umfangreich Sie da anfangs vorgearbeitet, oder was Sie dabei ruiniert haben.

Sie werden feststellen, dass diese Methodik der Eigeninitiative Ihnen eine Menge Vorteile bringt. Im Gegensatz zur normalen als Nörgelei verschrieenen Drängelei sieht der Mann sofort, dass Sie es ernst meinen; und in dem Bestreben, den angerichteten Schaden möglichst gering zu halten, wird er alles in seiner Macht stehende tun, um alles zu Ihrer Zufriedenheit in die Wege zu leiten.

Wenn Sie das nächste Mal das mit der Renovierung anzusprechen beginnen, läuft das meist schon von ganz allein ganz richtig.

Sollte das alles zu keinem Erfolg führen, oder er mit dem, was Sie angerichtet haben zufrieden sein, schlimmer noch: Das für ausreichend anzusehen, was er anschließend selbst verzapft hat, dann schmeißen Sie ihn raus. Dann ist er das einfach alles nicht wert, was Sie so uneigennützig und unter Aufbietung Ihrer ganzen Kraft, Leidenschaft und auch Leidensfähigkeit für ihn getan, und dass Sie sich für ihn so aufgeopfert haben.

Möbel

Die Möbel sind das, was man meistens am längsten in der Wohnung hat.

Neue Lebensabschnittsgefährten gilt es deshalb sehr behutsam auszuwählen. Eine Stellprobe zwischen den Möbeln ist auf jeden Fall empfehlenswert. Passt er nicht zum Möbel dann nehmen Sie ihn besser nicht.

Um das mit der Dauerbenutzung der Möbel nicht so langweilig werden zu lassen, empfiehlt sich eine periodische Umgestaltung der Wohnung nach dem Prinzip „Bäumchen wechsel dich". Seien Sie dabei nicht pingelig. Sie können nicht nur innerhalb eines Raumes die Möbel beliebig neu aufstellen, sondern auch innerhalb der Räume austauschen, bzw. die Möbel mischen.

Man kann sogar Möbel mit anderen Leuten tauschen. Das ist in seinen Möglichkeiten alles noch gar nicht ganz ausgereizt.

Den Transport schwererer Möbelteile überlassen Sie am besten Männern. Wie das mittels Möbelgleitern, untergelegten Speckschwarten, Schwerlastrollis und Brechstangen gemacht wird, das muss er bringen. Ist es ihm zu schwer, dann soll er seine Freunde oder Kollegen bitten, ihm zu helfen.

Bei solchen Gelegenheiten lernt man manchmal auch neue nette und kräftige Männer kennen, die bei günstiger Gelegenheit auch anderweitig jederzeit zupacken wollen und das auch können.

Über das Möbel, speziell den Stauraum in Schränken, Kommoden, Regalen und Beistellbehältern verfügen generell nur Sie. Erst wenn alle Dinge darin untergebracht sind, die Sie benötigen, darf er sich aussuchen, wo er seinen Krempel hin tut.

Im Ernstfall muss eben noch mehr Möbel gekauft werden und vielleicht sogar eine größere Wohnung her.

Ein letzter Hinweis: Möbel zum Kauf aussuchen, das können nur Sie und sonst niemand. Damit sichern Sie ab, dass Sie nach einer Trennung oder Scheidung nur Dinge um sich haben, die auch tatsächlich Ihrem Geschmack entsprechen.

Reparaturarbeiten

Alles ist vergänglich, auch die zeitliche Funktionsfähigkeit und Nutzungsdauer einer Wohnung und ihrer Einrichtungsgegenstände. Sie sollten da allerdings nicht sofort auf Komplettersatz aller nicht mehr ganz zufriedenstellend funktionierenden Teile bestehen. Das wird meist zu teuer. Bestehen Sie immer erst auf Reparatur.

Die Benutzung einer Wohnung bringt nach einer gewissen Zeit bestimmte Unannehmlichkeiten mit sich, die aus der sofort einsetzenden und fortschreitenden Alterung der Wohnungseinrichtung erklärbar sind, sobald man sie sich erst einmal angeschafft hat.

Es geht mit klemmenden Schubläden los, abbrechenden Tür- und Schubladengriffen, knarrenden Schranktüren, es folgen quietschende Scharniere an Zimmertüren, lockere Klinken und ausrastende Dreh-Kipp-Beschläge an Fenstern. Die Abflüsse in Küche und Bad funktionieren nicht mehr, das WC ist verstopft, Wasserhähne sind überdreht oder locker, Elektrogeräte brennen durch ... Es gibt da tausenderlei solcher Vorkommnisse. Steckdosen machen sich selbständig, die Fernsehantenne funktioniert nicht mehr, Schlüssel brechen ab oder gehen verloren ... Sie kennen das bestimmt schon. Erziehen Sie ihn dahingehend, dass er das alles sofort reparaturmäßig in Angriff nimmt, damit sich diese Dinge nicht häufen, und am Ende unüberschaubar werden. Bestehen Sie aber immer auf ordnungsgemäßer Ausführung. Flickwerk und Notbehelfe müssen Sie auch nicht übergangsweise dulden.

Dass er von da an ständig hinter Ihnen mit seiner Werkzeugkiste herläuft und auch dauernd etwas aus dem Baumarkt holen will, ist nur anfangs gewöhnungsbedürftig, das müssen Sie aber aushalten können. Vor allem, dass er die

Kiste mit seinem geliebten Werkzeug sogar nachts neben dem Bett stehen hat, darauf dürfen Sie nicht eifersüchtig sein. Das tut er alles aus Liebe zu Ihnen.

Diese Art der Beschäftigung führt beim Mann oft zu zwanghafter Sammelwut betreffend neues Werkzeug und Ersatzteile, manchmal auch Baumaterial, aber er bekommt da ein Ventil für seine Kreativität und außerdem sichern Sie so seine Häuslichkeit. Er wird sich kaum noch außer Haus wagen, in seiner Angst, dass etwas kaputtgehen könnte, wenn er nicht da ist. Geben Sie ihm diese Gelegenheiten des permanenten Liebesbeweises. Er wird Sie dafür anbeten.

Zusammenleben / Ehe

Ehedefinition für die Frau

Die Ehe ist ein Relikt der bürgerlichen Gesellschaft und für die moderne Lebensführung unpassend. (Siehe Einführung in die Problematik.) Sie wird allerdings aus verschiedenen Gründen noch sehr empfohlen. Das mit der „Intimgruppe" ist da heutzutage effektiver für Sie. Da bringen Sie alles mit unter, womit Sie jemals emotionale, sexuelle oder sonstige Beziehungen privater oder intimerer Art hatten. Solange das mit der „Intimgruppe" allerdings noch keine gesetzliche Basis hat, sollte man, wenn überhaupt, eher die Ehe ins Auge fassen. Bedenken Sie, dass Sie ihren jeweiligen ehelichen Lebensabschnittsgefährten zwar neuerdings trotzdem ablegen können, wie es Ihnen passt, er sich aber dagegen wehren kann, was viel juristischen Ärger mit sich bringen kann und vor allem Zeit frisst, bis Sie ihn endlich los sind.

Eine Ehe kann eine aufreibende Sache sein: Einkaufen, Essen kochen, Abwaschen, Betten machen ... und kaum sind Sie fertig, geht nach ein paar Wochen das Ganze wieder von vorne los. Für eine Frau mit modernen Ansichten ist die Ehe sowieso nicht das einzige und vorrangige Ziel Ihrer Bestrebungen. Viel wichtiger ist in ihrem Leben das Glück.

Ehedefinition der Frau für ihren Mann

Die letzte Erkenntnis amerikanischer Forscher zu der Frage: *„Was ist die Grundlage einer gut funktionierenden harmonischen Ehe?"* lautet: *„Eine zufriedene Frau."*

Alles andere, auch die Zusammensetzung und Anzahl des von ihr dazu eingesetzten Personals und auch der materielle Basiseinsatz, Immobilienbesitz oder finanzieller Hintergrund sind in diesem Zusammenhang als absolut nebensächliches Beiwerk anzusehen, sofern diese Bedingungen ihren Ansprüchen genügen.

Lassen Sie das den von Ihnen Auserwählten auswendig lernen und beherzigen. Mehr muss er nicht wissen, und was er dazu denkt ist auch belanglos. Es ist schließlich sein Glück, was er da sichern muss …

Ernährung des Mannes

Es hat sich in der neueren Zeit herausgestellt, dass der Mann sich normalerweise selbst ernähren kann. Dazu nutzt der frei laufende Mann beispielsweise die Betriebskantine, diverse Imbiss-Stände, an denen er vorbeikommt, Gaststätten, Tankstellen und Restaurants. Manche gehen auch einfach in einen Supermarkt, Fleischer- oder Bäckerladen und kaufen sich da Lebensmittel, die sie anschließend zu sich nehmen. Sobald er Lesen gelernt hat, eventuell auch etwas Geld in die Hände kriegt, sich von seiner Mutter gelöst, oder seinen Dienst beim Bund hinter sich hat, besteht also keine Gefahr mehr, dass er eventuell plötzlich verhungert, wenn Sie Ihm nichts zu essen geben. Er wird allerdings dem unausrottbaren falschen Vorurteil verfallen sein, dass Sie ihm etwas zu Essen geben, wenn er danach verlangt und sogar dazu etwas vorrätig haben.

Dagegen sind Sie fast machtlos. Halten Sie allerdings das Speisenvorratsangebot zu Hause gering und keinesfalls zu abwechslungsreich. Lassen Sie sich im Gegenteil von ihm immer etwas mitbringen. Er ist schließlich Ihr Ernährer. Das weiß er. Wenn nicht, dann bringen Sie ihm das bei.

Versuchen Sie das erst verbal. Falls das nichts nützt, geben Sie ihm einen Zettel mit, auf dem steht, was er Ihnen mitbringen soll. Achten Sie darauf, dass er sich gesund ernährt. Sagen Sie ihm, was er möglichst nicht essen sollte und auch, dass er weniger essen muss, wenn er schlank und fit bleiben will. Dass man so Geld spart, braucht er nicht zu wissen. Es empfiehlt sich, immer verschiedene industriell erzeugte und angemischte Sorten von Körnerfrüchten und sogenannten Müslizutaten im Haus zu haben. Das hält sich ewig, ohne an Geschmack zu verlieren. Hat er Hunger, dann bieten Sie ihm das ganz detailliert und unter Nennung des vollständigen Produktnamens samt Hersteller nacheinander an. Das hat meist sehr klangvolle Namen, ist äußerst gesund und täuscht ein reichhaltiges Angebot vor. Er kann unter diesen Cerealien ganz frei auswählen. Damit geben Sie darüber hinaus Ihren fortschrittlichen und gesund erhaltenden Ernährungsmethoden einen sehr demokratischen Anstrich. Bei dieser Art Nahrungsangebot im Hause weckt das im Mann oft die Idee des Gaststättenbesuches, falls er nicht auf den Telefon-Bringeservice verschiedener dafür geeigneter Einrichtungen verfällt.

Den alleinigen Besuch von Restaurants und Gaststätten durch den Mann unterbinden Sie sicherheitshalber, indem Sie ihn nie allein dahin gehen lassen. Gehen Sie immer mit.

Dann darf Ihnen aber wegen der Öffentlichkeit auch nur das Beste gut genug sein. Alle sollen schließlich sehen, dass Sie sich das leisten können.

Es gibt allerdings auch den Mann, der bei seiner Ernährung sehr unselbständig ist. Wenn der vom Fleisch zu fallen beginnt und Sie werden im Gegensatz dazu immer korpulenter, dann machen Sie etwas falsch. Falls der Ihnen abzuhauen beabsichtigt, dann müssen Sie ihn nämlich immer noch einholen können.

Dann gibt es den Mann, der kritiklos alles in sich hineinstopft, ohne darauf zu achten was es ist und auch ohne Rücksicht auf seine Figur. Denken Sie daran: Dicke sind meist gemütlicher. Lassen Sie ihn aber nicht zu dick werden. Das wusste schließlich schon die Großmutter: *Ein guter Hahn wird selten fett.*

Karriere

Karriere ist ein dem Mann gesellschaftlich vorgegebenes männliches Lebensziel, dem er verhaftet ist, was 99% aller Männer allerdings verfehlen. Er bestimmt auch. Bestärken Sie ihn trotzdem in dieser seiner falschen Überzeugung, es zu schaffen, damit er nicht auf dumme Gedanken kommt. Die Hoffnung war es seit jeher, was die Dummen glücklich machte.

Das kann Jahre ungestörten Glückes für Sie und auch für ihn bedeuten, ehe er endlich begreift. Stören Sie sich nicht daran, auch in seinem Interesse nicht. Es sei denn, Sie sind scharf drauf, dass er Karriere macht. Dann müssen Sie allerdings mit ran und das für ihn organisieren.

Als Wichtigstes müssen Sie dabei wissen: Wenn ein Mann auf Karriere aus ist, dann braucht er dazu einen starken Willen. Den der Frau. Ihren Willen. Alleine schafft er es nie.

Das klappt sogar, wenn nur Sie allein der Meinung sind, dass er Karriere machen müsste.

Egal, was man so redet, wenn der Tag lang ist: Ein Mann kann letztendlich nur das sein, was Sie aus ihm gemacht haben und nur erreichen, was Sie gewollt haben. Geben Sie sich also dem entsprechend Mühe, wenn Sie wollen, dass aus ihm etwas werden soll.

Lebensplanung

Die Lebensplanung ist für die Frau ein wichtiger Bestandteil der Existenzsicherung auf dem Weg von der Kindheit bis zum Versorgtsein ans Lebensende. Die Schule und Ausbildung soll ihnen das ermöglichen. Um das auch zu schaffen, dazu braucht die Frau unbedingt einen Mann.

Männer sind der Meinung, dass das auf sie auch zutrifft. Die wissen aber nicht, dass sie nur als Statisten in der Lebensplanung der Frau vorgesehen sind. Der Lebensplan einer Frau baut nämlich auf ganz anderen Kriterien auf als der eines Mannes.

Der Mann braucht eine Ausbildung und darauf aufbauend eine Arbeitsstelle, um den Unterhalt seiner Familie abzusichern. Als Frau brauchen Sie einen Mann, der Ihnen und Ihrer Familie diesen Unterhalt absichert. Zu dieser Familie zählt der Mann aber nur bedingt. Vor ihm rangieren neben Ihrer Mutter, die Kinder, der Hund, und wenn vorhanden, auch das Pferd. Diese Grundüberzeugungen werden den Geschlechtern normalerweise im familiären Erziehungsprozess sowieso unabhängig voneinander verinnerlicht. Meistens klappt das auch, weil die meist mit der Erziehung beauftragten Frauen, die Mütter, schon von sich aus sehr vernünftige Ansichten haben. Das haben auch Schule und Ausbildung bei allem Reformwillen zum Glück in den letzten Jahrhunderten nicht verhindern können. Die alten Lateiner wussten bereits, durch welche drei Dinge man im Leben zu etwas kommt, und zwar: *Per annum* (mit den Jahren), *per anulum* (das ist der Ehering), oder *per anum* (das ist etwas diffizil, weil eventuell mehrdeutig. Das erklärt Ihnen jeder Arzt, was der *anus* ist). Von Ausbildung, Wissen oder Leistung, vielleicht sogar Arbeit war schon damals zu keiner Zeit die Rede.

Als Frau sollten Sie diese Ziele nicht einzeln oder isoliert, und auch keinesfalls neutral im Arbeits- oder Geschäftsleben ansteuern, sondern nach Möglichkeit alle drei der gerade angeführten Möglichkeiten gleichzeitig für sich ins Auge fassen, zu etwas zu kommen. Als Frau müssen Sie das Wesentliche im Auge behalten. Bis Drei zählen, das können Sie bestimmt. Die meisten Männer können das nicht.

Männer verzetteln sich. Bei Männern haben Sie nach Abschluss ihrer Ausbildung und ihrem Eintritt ins Erwerbsleben verschiedene Angebote, allerdings nur Arbeitsangebote, die von den Männern dann zwangsläufig wahrgenommen werden. Da gibt es dann beispielsweise den Manager, den Arzt, den Beamten, den Rechtsanwalt, neuerdings noch den Rennfahrer oder den Fußballspieler, die Ihnen als Frau eine angemessene Versorgung absichern können.

Werden Sie also erst die Freundin, anschließend die Verlobte, dann die Frau und wenn es sich ergibt, eventuell die Witwe des Managers, Arztes, Beamten, Rechtsanwaltes, Rennfahrers oder Fußballspielers.

Manche sind da auch auf Wissenschaftler aus, weil auch die manchmal im Fernsehen gezeigt werden. Bedenken Sie aber, wie viele Wissenschaftler es gibt und dass der Nobelpreis nur für wenige Fachgebiete und auch nur einmal im Jahr verliehen wird. Die vorher genannten Berufsgruppen kommen meist schneller ans Geld ran. Zurzeit werden diese

Berufe zwar noch von den höheren Bankmanagern geschlagen, das ist aber nur eine zeitweilige Sache, weil zu spekulativ. Gehen Sie entschlossen an Ihre Lebensplanung. Im Zweifelsfall und sich bietender Gelegenheit ist sich reich scheiden zu lassen, immer die bessere Lösung, wenn sich keine andere Alternative ergibt und der Erwählte eventuell zu geizig ist.

Glück

Das Glück wäre nach allgemeiner Auffassung das unbedingte Ziel aller Selbstverwirklichung. Mit der Zeit werden Sie aber begreifen, dass dieses Ziel nicht als Dauerzustand erreicht werden kann, sondern stets neu organisiert werden muss, und zwar von Ihnen selbst.

Eine ganz große als Philosoph getarnte Trantute hat einmal gesagt, dass es kein Glück gibt. Das Leben bestehe aus einem Pendeln zwischen zwei tragischen Zuständen. Entweder, man bekommt, was man haben will oder man bekommt es nicht.

Der ungewisse von der Hoffnung ausgefüllte Übergang oder die Erwartung seien eigentlich das, was man als die glückliche Zeit bezeichnen könne. Das Glück ist also eine Art Schwebezustand zwischen den jeweils aufeinander folgenden Katastrophen, aus denen das Leben angeblich besteht. Er hatte das ganz richtig erkannt, aber er verzweifelte an dieser Erkenntnis.

Sie nicht. Wenn das Glück ein Schwebezustand ist, dann verhalten Sie sich eben entsprechend. Beim freien Schweben treten bekanntlich auch Schwindelzustände auf. Machen Sie das Beste daraus: Halten Sie in Ihrem Leben immer alles genau auseinander und dabei immer in der Schwebe, vor allem, was Männer betrifft und schwindeln Sie munter drauflos, damit Sie das Wichtigste auch unter Kontrolle behalten. Das Wichtigste, das sind: die Stecher, die Lover, die Geliebten, der Vertraute, die Freunde, die Väter Ihrer Kinder und die verschiedenen Ex.

Ihr Ehemann braucht davon nichts zu wissen. Der ist schließlich auf die Geborgenheit in seiner Familie angewiesen. Nur so gewährleisten Sie das Glück. Auch seins ...

Wichtig ist nur, dass er sich nicht zu sehr auf sein Glück verlässt. Ein Ratschlag für spätere Jahre: Auch wenn Sie sich noch so sehr über ihn geärgert haben, dass Sie sich am liebsten von ihm scheiden lassen möchten. Tun Sie es nicht. Er hat bestimmt einmal geäußert, dass er glücklich wäre, Sie los zu sein, wenn auch nicht zu Ihnen. Dieses Glück dürfen Sie ihm keinesfalls gönnen. Der soll schaffen. Das könnte dem so passen, jetzt, gerade vor Ihrer Silberhochzeit.

Glauben

Das Wichtigste im Leben ist ein fester Glauben. Den müssen Sie haben. Ich beispielsweise habe als Kind ganz fest an den Weihnachtsmann und auch an den Osterhasen geglaubt. Es blieb den beiden gar nichts anderes übrig, als alle Jahre wieder zu kommen und mich zu beschenken.

Ihr Glauben muss ähnlich aufgebaut sein. Allerdings nicht etwa: *Einmal im Leben wird mir ganz bestimmt mein Traumprinz begegnen.* Da würden Sie Ihr Leben darüber sinnlos mit der Warterei vergeuden.

Ihr Glaube muss sein: *Das ist mein Traumprinz.* Dabei ist es völlig nebensächlich, welchen Frosch Sie sich gerade an Land gezogen haben.

Gehen Sie nun an die Verwirklichung Ihres Traumes. Also: *Küssen. – Kein Prinz? – An die Wand klatschen. – Kein Prinz? – Wieder: Küssen ...* Irgendwann klappt das entweder mit der

Verwandlung, oder er hält es nicht aus und haut wirklich ab. Dann nehmen sie eben den nächsten Frosch …

Action ist angesagt. Sie haben schließlich nur dieses eine Leben. Machen Sie etwas für sich daraus. Richten Sie sich am besten nach dem Motto ein: *Träume nicht dein Leben, sondern lebe deinen Traum.*

Welt des Straßenverkehrs

Definitionen

Die Welt des Straßenverkehrs ist die Welt des Autos. Dort geht es meist sehr brutal zu. Männer bilden sich deshalb ein, dass es eine Männerwelt ist. Sie haben deswegen das Verkehrsrecht auch als Strafrecht angelegt, das ständig verschärft wird. Versuchen Sie nicht, diesen Lebensbereich zu bekämpfen. Ohne das Auto und den Straßenverkehr würden Männer nicht wissen, womit sie sich beschäftigen sollten. Da leben sie ihre Aggressionen aus und liefern sich Zweikämpfe. Da reagiert auch Ihrer seinen Frust ab. Das würden sonst alles Sie abbekommen, wenn er das nicht als Ventil hätte. Die Frau kann diesen Lebensbereich nur ignorieren, wenn sie auf eigene Mobilität zu verzichten bereit ist. Das sollte sie aber auf keinen Fall.

Straßenverkehr, ganz gleich welcher Art ist in jedem Fall lebensgefährlich, auch für Sie als Frau weil er mit technischen Vorgängen verknüpft ist und Maschinen bekanntlich rücksichtslos sind. Verinnerlichen Sie deshalb die nachstehenden Definitionen und Regeln, dann werden Sie überall zurechtkommen. Männer behaupten zwar, dass die Kenntnis der Straßenverkehrsordnung erforderlich sei, um im Straßenverkehr zu überleben; das sind aber Vorurteile, die nur staatlicherseits den Vorwand zur Beschäftigung von Fahrlehrern, Polizisten und Politessen schaffen. Die Kenntnis der Straßenverkehrsordnung hat nur den einen Zweck, die Fahrprüfung zu bestehen. Besser ist es allerdings, den Fahrlehrer näher zu kennen, dann ergibt sich das mit dem Bestehen der Prüfung sowieso automatisch.

Eigentlich müssen Sie nur das Nachstehende wissen: Alle auf der Straße befindlichen Menschen sind Autofahrer. Es gibt zwei Klassen von Autofahrern, nämlich Auto fahrende Frauen und Auto fahrende Männer. Diese Einteilung ist in den Augen der Männer die wichtigste. Die Unterteilungen in Sonntagsfahrer, Raser, Drängler, Bummler, Traumtänzer, Geisterfahrer und dergleichen sind nur interne Untergruppierungen für Männer. Ob eine Frau das auch ist, wird von Männern ignoriert, weil die voraussetzen, dass eine Frau das alles zusammen sowieso ist. Daher schreibt sich auch die ignorante Art der Toleranz, die Ihnen als Frau seitens männlicher Autofahrer entgegen gebracht wird. Nutzen Sie die damit verbundene Narrenfreiheit, die Sie dadurch als Frau im Straßenverkehr haben. Bei etwas Übung klappt das ganz gut. Hüten Sie sich jedoch, im Straßenverkehr mit einer anderen Frau in Konflikt zu geraten. Das wird dann meist hart für Sie beide.

Die Autofahrer an sich teilen sich wiederum unabhängig vom Geschlecht prinzipiell in zwei Gruppen ein. Die eine Gruppe befindet sich im Auto. Die andere Gruppe befindet sich auf dem Wege von oder zu ihrem Auto.

Es gibt verschiedene Möglichkeiten, sich von oder zu seinem Auto zu bewegen: Zu Fuß, mit oder ohne Gehhilfe, per Roller, per Fahrrad, per Mofa, Motorrad, Krankenfahrstuhl, mittels Quad, Go-Cart, mit Rollschuhen, Roller-Skates, in einer Sänfte, per Rolli, allein, in Begleitung anderer Personen, oder mittels öffentlicher Verkehrsmittel. Die ohne Auto auf der Straße befindlichen Verkehrsteilnehmer sind Ihnen alle unterlegen, sofern Sie selbst am Steuer eines Autos sitzen. Sie unterscheiden sich aber in solche, die Ihrer Hilfe bedürfen, um unter Ihr Auto zu geraten und in die, welche das von allein schaffen. Nach der Art, wie diese Personen unter ihr Auto geraten, gibt es folgende Gruppen:

Rennen sie vor Fahrzeugen über die Straße, dann zählen sie zu den Kindern ohne Aufsichtsperson. Bleiben sie direkt vor ihrem sich nähernden Auto stehen, dann zählen wir sie zu den Kindern mit Aufsichtsperson. Führen sie bei Ihrer Annäherung Tänze auf, dann zählen wir sie zu Aufsichtspersonen für Kinder.

Dann gibt es noch die, welche alles ignorieren, was um sie herum geschieht. Das ist der Rest. Davon wird der überwiegende Teil sowieso vom Bus überfahren, in Einzelfällen sogar von der Straßenkehrmaschine. Das geht Sie alles nichts an. Das klärt die Polizei dann sowieso. Die hat da Erfahrung.

Parkplatz, das ist die Stelle, wo und wie Sie Ihr Auto abgestellt haben. Lassen Sie sich nichts einreden von angeblichen Parkordnungen, Markierungen, Straßenverkehrsschildern und Ausnahmeregeln. Das sind alles nur von Männern erfundene Methoden und Geschicklichkeitsspiele, um Sie zu schurigeln. Ihr Auto steht da auf alle Fälle ganz ruhig da und tut keinem etwas.

Wie sinnlos diese ganzen herumstehenden Verkehrsschilder und auf die Fahrbahn um Ihr Auto aufgemalten Verbote sind, sehen sie daran, dass das wenn es im Winter eingeschneit ist, sowieso nicht zu erkennen ist.

Parkplatzwächter, Politessen und Polizisten sind Beamte. Dieser Personenkreis bekommt Geld dafür, hoheitliche Rechte des Staates wahrzunehmen. An Ihrem Auto haben aber nur Sie Rechte, die Sie allerdings pflichtgemäß wahrnehmen müssen, um nicht von diesen Beamten bestraft zu werden. Besonders im Straßenverkehr und als Frau können Sie deshalb starker Diskriminierung unterliegen, denn Politessen sind erfahrungsgemäß sehr brutal in ihren Ansichten zu Ihren Rechten und haben ein überdurchschnittlich starkes geistiges Beharrungsvermögen. Die wissen: Wer sich beim Beamtenmikado bewegt, hat verloren.

In manche Autos ist die Vorfahrt eingebaut. Das sind die Autos, die man Mercedes nennt. Versuchen Sie immer, so ein Fahrzeug zu besitzen, zumindest in einem solchen zu sitzen. Dann gibt es Autos, deren Fahrer denken, dass die Vorfahrt eingebaut ist, das sind die anderen.

Das wichtigste am Auto ist die Farbe. Die müssen Sie sich merken, weil das ein unverwechselbares Wiedererkennungszeichen ist, *(z.B. bei Verkehrsunfällen oder so)* aber das wissen Sie ja schon von der Haarfarbe her. Nur die ist echt. Marken und Typenbezeichnungen, Buchstaben oder Zahlen auf Nummernschildern, das hilft Ihnen nicht weiter. Das können Sie alles vergessen. Das kann alles abgeschraubt, getauscht, gestohlen, übermalt, abgeschliffen, neu geprägt oder gefälscht sein.

Das allerwichtigste Teil Ihres Autos ist bekanntlich der kleine Innenspiegel vorn an der Frontscheibe, gleich hinter der Sonnenblende. Den brauchen Sie, wenn Sie vorm Aussteigen Ihr Outfit nochmals überprüfen wollen. Lassen Sie sich nichts anderes einreden. Die Polizei behauptet zwar, dass die Bremsen das wichtigste Bauteil eines Autos wäre, aber wie man deutlich sieht, stehen die meisten Autos auch so nur herum und niemand tritt da dauernd auf die Bremse, schon gar nicht, wenn Autos fahren.

Besonderheiten des Straßenverkehrs

An einer gleichberechtigten Kreuzung, wo der von rechts Kommende Vorfahrt hat, empfehlen Männer, sich zur Vermeidung eines Zusammenstoßes mit den anderen Verkehrsteilnehmern vorher abzustimmen, wessen Rechte die stärkere ist. Das geht Sie nichts an. Da haben Sie als Frau immer Vorfahrt. Vergessen Sie auch nie, den vorherigen einwilligenden Blickkontakt mit dem Verkehrsteilnehmer aufzunehmen, dem Sie anschließend die Vorfahrt zu nehmen beabsichtigen.

Auf unbeschrankten Bahnübergängen hat übrigens nicht nur der von rechts Kommende, sondern auch der von links Kommende Vorfahrt. Ob Klein- oder Schmalspurbahn, Schienenbus, Regio-Express, Güterzug oder Intercity, Draisine, Schienenrück- oder Schotterstopfmaschine, diese Regelung gilt immer, leider auch für Frauen.

Das hat mit dem gesetzlichen Gewaltmonopol des Staates zu tun. Die Bahn ist ein Staatsunternehmen. Schließen Sie sich deshalb bitte unbedingt den Initiativen zur restlosen Privatisierung der Bahn an, um das endlich richtig zu stellen.

Es gibt außer den Eisenbahnen noch andere Fahrzeuge die immer Vorfahrt haben. Im Krieg fallen darunter beispielsweise Panzer und dann fährt das auch auf der Straße, während das die Eisenbahn nie tut. Männerwirtschaft eben. Es ist aber auch in Friedenszeiten nicht empfehlenswert, einem Panzer die Vorfahrt zu nehmen. Das kann auch für Sie als Frau samt Auto ein sehr plattmachendes Erlebnis sein.

Wasserstraßen kann man zwar mit dem Auto auch befahren, aber höchstens im Winter, wenn sie zugefroren sind und auch nur, wenn das Eis stark genug ist. Lassen Sie ansonsten den Schiffen und den darauf befindlichen Matrosen diese Freiräume. Benutzen Sie Brücken und Fähren. Auch wenn das längere Umwege erfordert.

Auch wenn die weibliche Stimme Ihres Navigationsgerätes Sie ultimativ dazu auffordert, queren Sie nie einen Fluss per Auto, wenn sich da keine entsprechende Brücke befindet und auch die Fähre gerade nicht da ist. Vergessen Sie auch nie, dass die Versicherung nur materielle Schäden reguliert. Selbst die Rechtsschutzversicherung ist Ihnen da nur in soweit von Nutzen, als Sie noch fähig sind, sie in Anspruch zu nehmen. Ihre Lebensversicherung kassieren im ungünstigsten Fall bestimmt andere.

Im Falle von Zusammenstößen ist prinzipiell und allein der Fahrzeugführer im Recht, der zu seinem Abtransport keinen Leichenwagen benötigt. Hierbei spielt das Geschlecht keine Rolle. Vermeiden Sie solche Situationen unbedingt.

Falls an Ihrem Auto mal die Bremse versagen sollte, dann fahren Sie möglichst gegen etwas Billiges. Sollte Ihr Auto ein Boot sein, dann stellen Sie sich darauf ein, dass es keine Bremse hat. Das hält man damit an, indem man den Anker wirft. Beim Auto haben Sie diese Möglichkeit des Ankerwerfens nicht, obwohl das oft sehr angebracht wäre.

Verhaltensweisen im Straßenverkehr

Blinken Sie als Frau rechts und biegen Sie dann bedenkenlos links ab, oder umgekehrt. Männer in nachfolgenden Autos erwarten das von Ihnen sowieso.

Fahren Sie auf einer leeren Landstraße möglichst langsam auf der Mitte der Fahrbahn, solange Sie noch nicht alle Raten für Ihr Fahrzeug bezahlt haben, sofern Sie die selbst bezahlen müssen. Begegnet Ihnen im dichtesten Verkehr ein Fahrzeug mit deutlich überhöhter Geschwindigkeit, dann können Sie sicher sein, dass dieses Auto nicht auf den Fahrer zugelassen ist, der es gerade fährt, oder er falsche Vorstellungen davon hat, was ihm seine Versicherung tatsächlich gewährleistet. Im Falle von Eis- oder Schneeglätte oder anderer Gelegenheiten, bei denen ein Autofahrer die Herrschaft über sein Fahrzeug zu verlieren befürchtet, muss er das dem nachfolgenden Verkehr durch Zickzackfahrt anzeigen.

Das wird nur deshalb im Fahrschulunterricht nicht gelehrt, weil das beim Menschen schon instinktiv angelegt ist. Vertrauen Sie auch als Frau darauf. Sie können es bestimmt ganz automatisch, wenn dieser Fall eintreten sollte. Das mit dem Schlangenlinien fahren klappt doch auch dann ganz von selbst, wenn Sie mal einen zu viel geladen haben sollten.

Wenn Sie als Frau mit ihrem Auto im Stau stehen, dann haben Sie Gelegenheit, alles das zu erledigen, wozu Sie infolge zu heftigem Aufbruches nicht mehr gekommen sind, zumindest die Gelegenheit zur Nachbesserung Ihres Make up sollten Sie dankbar ergreifen. Falls es plötzlich weitergehen sollte, dann wird der hinter Ihnen schon rechtzeitig hupen. Wenn Männer mit ihrem Auto im Stau stehen, dann haben sie Stress, denn je nach Preisklasse ihres fahrbaren Untersatzes stehen sie mit völlig unterschiedlich behinderten Beschleunigungswerten in diesem Stau. Je mehr PS, umso mehr Stress.

Es empfiehlt sich als Frau, zu solchen Staus hinzufahren, um das zu studieren. Da können Sie eventuell Ihren Traummann treffen, oder wozu glauben Sie, bringt der Verkehrsfunk mindestens alle halben Stunden diese ganzen genauen Ortsangaben zu den Staumeldungen?

Da können Sie sich von allen diesen Typen, die sonst vor lauter Geschwindigkeitsrausch nicht zur Seite schauen können, einmal ordentlich beäugen lassen und sehen auch gleich, was da jeweils an Mann und Technik zusammengehört.

Öffentlicher Nahverkehr hat übrigens nichts mit Sex zu tun, auch wenn man *„Öffentlicher Personen-Nahverkehr"* dazu sagt. Kommt dort Sex vor, dann meist zufällig und auch ab und zu aus Langeweile oder ungewollt. Versteifen Sie sich nicht auf solche Sachen, auch wenn es manchmal in der

Zeitung steht, dass es vorkommt. Fordern können Sie es nicht.

Im privaten Straßenverkehr, also im Inneren der Autos, haben Erhebungen ergeben, sei das mit dem regelmäßigen Sex unter den Verkehrsteilnehmern allerdings durchaus üblich. Man hätte dafür in manche Autos sogar für die Frau extra diese Halteschlaufen rechts und links innen an den sogenannten B-Säulen angebracht. Setzen Sie sich mal auf den Rücksitz und stecken Sie die Füße durch. Das wäre sehr bequem. Probieren Sie das aber nicht während der Fahrt aus. Selbst wenn Sie nicht selbst fahren, könnte das den Fahrer zu sehr ablenken.

(Ich kann das nicht beurteilen und auch sonst nichts dazu sagen. Man hat mir das nur auf ausdrückliche Nachfrage mitgeteilt. Ich wollte es nicht unerwähnt lassen.)

Abschließend zu diesem speziellen Thema Sex und Auto: Es ist unbestreitbar und verbürgt, dass mittels Verkehrsregelung schon viele Menschenleben verhütet wurden. Das ist amtlich.

Lassen Sie sich als Frau in jeder Art Fahrzeug mitnehmen, aber niemals zur Beifahrerin machen, weil Auto fahrende Männer nachstehendes Vorurteil hegen, womit sie Frauen auszunutzen pflegen:

Der einzig wirksame Schutz vor Übermüdung am Lenkrad sei eine furchtsame Beifahrerin, die eine selbständige, von der des Fahrzeugführers völlig abweichende Konzeption der Fahrzeugführung hat.

Falls Sie also von einem Mann zum Beifahren eingeladen werden, können Sie sicher sein, dass man Sie nur benutzen will, wenn nicht sogar gebrauchen. Vielleicht sogar beides.

Männer behaupten: Die letzten Worte der Beifahrerin vorm Wiederanfahren an Kreuzungen oder Straßeneinmündungen seien stets gewesen: „Rechts ist frei ..." Kommen Sie nie in diese Situation.

Geräte der Medienelektronik

Fernseher. Dazu gibt es nicht viel zu sagen. Achten Sie darauf, dass Sie stets im Besitz der Fernbedienung sind und ihr Partner weiß, auf welchem Kanal sich der Sender befindet, den Sie gerade sehen wollen, damit er es Ihnen sagen kann.

Kommen Sie zufällig dazu, wenn er fern sieht, nehmen Sie die Fernbedienung und zappen Sie weiter, egal, was er sich gerade ansieht. Es wäre doch nichts für Sie und er weiß hinterher sowieso nicht, was er gerade gesehen hat.

DVD-Player. Den zu programmieren und Ihnen dann die aufgenommenen DVDs vorzuführen, das muss er können.

Sorgen Sie auch dafür, dass er sich zu den Öffnungszeiten der Videothek immer bereit findet, dort etwas Schönes für Sie auszusuchen und Ihnen das dann gleich zu bringen.

Stereoanlage / MP-3-Player. Wenn er dafür noch kein entsprechendes umfangreiches Basismaterial für Sie haben sollte, dann ist es höchste Zeit, dass er das besorgt. CDs oder aus dem Internet. Das gehört zu Leben.

Wichtig ist auch, dass er entsprechend gute Kopfhörer auch für seine Stereoanlage hat. Da kann er dann ganz nach Belieben für sich alleine mal so richtig die Sau raus lassen, ohne jemand anderen zu stören.

Elektronische Geräte generell

Die zu bedienen, das ist die Domäne des Mannes. Auf diesem Gebiet findet seit Jahren eine derartig schneller Entwicklung statt, dass Sie kaum imstande wären, die Menge der prinzipiellen Neuentwicklungen, geschweige denn die ganzen Spielarten der Geräteausführungen im Blick zu haben. Wenn

Sie sich darauf tatsächlich einlassen wollten, dann lebten Sie an Ihrem Leben vorbei.

Männer sind da anders veranlagt. Die sehen das als Herausforderung, das alles zu wissen, was Sie als Frau nicht interessiert. Nutzen Sie das. Es erhöht Ihre Lebensqualität.

Der Mann muss elektronische Geräte so programmieren und bedienfertig machen können, dass auch Sie sie benutzen können. Das heißt, auf einen Handgriff und ohne hinzusehen; alle Geräte, die Sie haben, und auch die, die Sie sich von ihm zukaufen lassen. Ob Handy, Spielkonsole, Beamer, den ganzen i-Kram oder was es sonst noch ist, er ist dafür zuständig.

Sollten Sie in die Lage versetzt sein zu entscheiden, welches Gerät Sie im Zweifelsfall nehmen sollen, halten Sie sich an das Design des Gerätes.

Das sieht jedenfalls auch dann noch repräsentativ genug aus, wenn das Gerät dann überhaupt nicht zu gebrauchen, oder mal wieder kaputt ist, und das verdammte Ding deshalb nur so rumsteht.

Computer (die Ausnahme)

Der Computer ist zwar ein elektronisches Gerät, aber gleichzeitig ein idealer Partner, und zwar ein weiblicher.

Einen Computer müssen Sie haben. Einen eigenen. Unbedingt. Als Frau brauchen Sie sonst kaum irgendwelche eigenen technischen Geräte, weil sie doch die des menschlichen Partners nutzen, der sie auch programmiert, bedient und auch repariert, oder für Sie reparieren lässt. Beim Computer ist das so: Was in seinem Inneren vor sich geht, weiß niemand. Er zeigt das Ergebnis allerdings auf eine Ihnen verständliche Form auf dem Monitor. Er zeigt Ihnen da auch an, was er alles kann. Da brauchen Sie auch nur per Touchscreen, oder mit der Maus anzuklicken, was Sie haben wollen und er tut es.

Haben Sie ihn dabei falsch angefasst, dann bekommen Sie in den meisten Fällen eine Rückmeldung in Form eines Warntones. Wenn Sie darauf nicht richtig reagieren, dann tut er das nicht, was Sie gewollt haben. Dann hat er sich entweder aufgehängt oder er ist abgestürzt.

Was es ist, das hängt davon ab, was Sie ihm zugemutet haben. Da nimmt er eben übel. Das würde sich ein männliches Gerät einer Frau gegenüber nie wagen. Der Computer ist demzufolge eine Frau.

Bei Ihnen ist das doch auch so: Was Sie meinen, denken, hoffen, vermuten und beabsichtigen, oder was Sie sich zumuten wollen, bzw. gefallen lassen, das weiß doch außer Ihnen auch niemand. Man nimmt nur wahr, was Sie sagen oder tun, wie Sie es sagen oder tun, oder, dass Sie nach mehreren deutlichen Warnsignalen die Kommunikation eingestellt haben, also eingeschnappt sind. Der Computer lässt Sie dann im übertragenen Sinn auch einfach nur stehen, wie Sie das normalerweise mit Ihrem Partner oder Mann immer machen.

Der Computer bildet eine Ausnahme von allen technischen Geräten. Wenn Sie da nur vor dem Bildschirmschoner sitzen, dann hat es Sie angeschissen. Machen Sie deshalb mindestens einen Computer-Grundkurs bei der Volkshochschule, und wenn es sich ergibt, und der Dozent Ihnen ganz persönlich und privat zusagt, auch einen zweiten oder den für Fortgeschrittene. Warum? Schließlich wollen Sie doch wie jede moderne Frau im Internet selbständig surfen und auch alle die netten Chatrooms besuchen, die es da gibt. Und auch sonst ...

Der Mann muss die Bedienung des Computers unbedingt beherrschen. Er kann und sollte auch in Ihrem Interesse eine eigenes Gerät besitzen und auch unbegrenzt benutzen dürfen. Das heißt: sofern es sich um die Erledigung der finanziellen und geschäftlichen Angelegenheiten handelt, die Anfertigung der gemeinsamen Steuererklärung, die Bezahlung Ihrer Rechnungen im Online-Dienst, die Erledigung des Behörden-Schriftwechsels und ähnliche Dinge.

Für die rein private Nutzung für Computerspiele und ähnlichen Schnickschnack setzen Sie ihm ein Zeitlimit, was Sie besser auch kontrollieren. Das gilt auch für das Surfen im Internet. Es geht nicht nur darum, dass er seine Zeit nicht unnütz verplempert, oder sogar über das Internet abgezockt wird, sondern um seine Gesundheit.

Das dauernde Bildschirmgucken soll wegen der Strahlung gar nicht gut für die Augen sein. Bleiben Sie hart. Er wird es Ihnen zwar nicht danken, aber es wird ihm gut tun.

Computer veralten übrigens sehr schnell und gewöhnen sich auch Macken an. Manchmal hängt eine Taste, sie bestehen unbedingt auf Ihrer Kenntnis des Passwortes oder die Batterie ist wieder einmal leer. Lassen Sie sich das nicht gefallen. Entsorgen und ersetzen Sie ihn dann.

Eine bekannte Schauspielerin sagte einmal während eines Interviews, dass sie ihren widerspenstigen Laptop, nach mehreren vergeblichen Verwarnungen einfach in die Ausfahrt Ihrer Garage gelegt, und ihn dann mit ihrem Auto überfahren hätte.

Das Geräusch, was sie da gehört, und das Gefühl, was sie dabei gehabt hätte, wären einfach unbeschreiblich gewesen. Es habe ihr das Gefühl vermittelt, etwas besiegt zu haben. Da man aber bekanntlich Gefühle nur gegenüber Lebewesen entwickelt, muss der Computer zwangsläufig anders eingeordnet werden.

Telefon / Handy

Es heißt, dass Frauen zu viel telefonieren. Das ist nicht wahr. Haben Sie schon bemerkt, wie tief die Telekom-Aktie gefallen ist und wie lange diese Krise schon dauert? Wenn Sie sich da nicht opfern, machen die Telefongesellschaften vielleicht noch ganz Pleite. Falls man sich auf die männliche Telefoniergewohnheiten verlassen wollte, dann bricht vielleicht am Ende noch die ganze Informations- und Kommunikationsindustrie zusammen. Das ist einer der Hauptgründe, warum Frauen für die menschliche Gesellschaft unverzichtbar sind.

Der Mann hat das Telefon und auch das Handy erfunden. Er benutzt es auch heute noch nur zur Übermittlung notwendiger Nachrichten, sonstiger wichtiger Informationen und als Notruf für den Abschleppdienst. Dass ein Telefon für eine Frau etwas ganz anderes und viel mehr als für einen Mann bedeutet, kann er sich nicht vorstellen.

Bekleidung wurde auch anfangs nur getragen, damit man im Winter nicht so friert, und was haben die Designer im Auftrag der Frauen daraus über die Mode für eine schöne Sache gemacht. Lassen Sie ihn reden und telefonieren Sie weiter. Das spart Fernsprechgebühren, und zwar seine, die er in dieser Zeit doch nur sinnlos am Telefon verquatschen würde.

Achten Sie andererseits darauf, dass er ein Handy besitzt, es immer bei sich trägt und es auch eingeschaltet ist. Da haben Sie ihn immer an der Leine und auch wenn er nichts angestellt haben sollte, die Frage: „Wo bist Du überhaupt?" oder: „Was machst Du denn dort?" erzeugen schon bei ihm ein schlechtes Gewissen.

Ach ja, vergessen Sie bei dieser Gelegenheit nie, ihm etwas Unkonkretes als wichtig unterzujubeln, was er da gleich mal mit für Sie erledigen sollte.

Weiteres Prinzipielles zum Mann

Männer sind vergesslich. Auch ihnen jahrelang eingeübte Verhaltensweisen können ihnen abhanden kommen. Man muss sie ihnen ständig wieder neu einspeichern. Sie fühlen sich sonst zu glücklich in dieser ihrer Vergesslichkeit. Das kann nicht in Ihrem Sinne sein.

Hüten Sie sich als Frau vor schwereren körperlichen Anstrengungen. Wenn Sie unbedingt dauernd eigenmächtig am Umräumen der Wohnungsmöbel sind, dann denkt der Mann am Ende eventuell noch, dass Sie ihm nächstens auch allein die Bierkästen aus dem Supermarkt mitbringen könnten.

Nehmen Sie ihn immer zum Einkaufen mit. Teilen Sie dabei die Aufgaben gerecht und gleichmäßig auf. Beispiel: Sie kaufen und er bezahlt.

Haben Sie ein gemeinsames Konto für sein Gehalt, dann kann er wenigstens die Einkäufe tragen. Er würde sonst nur die Zeit vor der Glotze vertrödeln oder ginge vielleicht sogar zu seinen Kumpels in der Kneipe.

Schuhe. Lassen Sie sich bei diesem Thema auf nichts ein. Männer werden es nie begreifen, welche Emotionen und sonstige Gefühlswelten sich da eröffnen. Dass Schuhe kaufen für Frauen besser als Sex ist, kann das männliche Gehirn sowieso nicht fassen. Frauen denken zwar nur drei bis viermal am Tage an Sex, aber nicht immer an ihre Schuhe zu denken, vor allem wenn sie etwas zu klein sind, das kann keine Frau.

Das ginge ihm als Mann an Ihrer Stelle auch nicht anders. Alles, was man kaufen kann, kann man auch umtauschen. Die Geschäfte würden das doch sonst nicht als Service anbieten. Deshalb zu Hause alles Gekaufte auspacken, noch einmal anziehen oder sofort ausprobieren, bevor Sie es wieder umtauschen gehen.

Männer fragen beim Einkauf immer, ob Sie das auch brauchen, was Sie da kaufen. Das ist kein Geiz, sondern ihre Phantasielosigkeit. Immer ehrlich bleiben, nicht ausweichen. Sagen Sie es ihm ruhig, dass Sie das vielleicht nur kaufen, um es eventuell wieder umtauschen zu können. Mit der Zeit lässt er dann die Fragerei. Dass er das jetzt bezahlt, Sie aber beim Umtausch das Geld wiederbekommen, braucht er nicht zu wissen. Das ist im Privatbereich der Familie auch nach dem Geldwäschegesetz nicht strafbar.

Männer machen immer Witze darüber, dass Frauen behaupten, sie hätten nichts anzuziehen. Stellen Sie ihn ruhig vor ihren Schrank. Soll er Ihnen doch aussuchen, was Sie tragen sollen. Wenn Sie das dann anziehen, was der Ihnen heraussucht, wird Ihnen jeder Ihrer Freunde bestätigen, dass das für Sie ein Scheidungsgrund ist.

Es heißt auch unter Männern immer, dass Frauen nicht zuhören können. Als Frau müssen Sie das auch nicht. Was könnte ein Mann Ihnen denn Wichtiges erzählen wollen. Es ist auch nicht erforderlich, dass der Mann versteht, was Sie ihm gesagt haben. Wichtig ist, dass er dann tut, was Sie ihm gesagt haben.

Als Frau besteht Ihre Lebensaufgabe darin, den Mann zu erziehen, beziehungsweise auf dem zweiten Bildungsweg sich anzupassen. Da hat seine Mutter schon Vorarbeit geleistet, aber Sie sind auserwählt, das zu vollenden. Das ist nur verbal möglich.

Verwenden Sie möglichst leicht tadelnde Satzverbindungen und zwar in aufmunterndem Ton. Auf keinen Fall dürfen Sie direkt loben. Damit verwöhnen Sie ihn nur.

Dass Sie in ihrer Beziehung die Hosen an haben, das ist etwas, was jeder weiß und als selbstverständlich voraussetzt. Sie müssen deshalb nicht bei jeder Gelegenheit Ihren Kuschelbär öffentlich mit „Mein Hase", „Mausebärchen",

„Schnuckelchen", oder so anreden oder ihm vor Publikum sofort immer lautstark widersprechen, wenn er mal den Mund aufmacht. Sie bringen ihn sonst in eine Situation, in der er Sie vielleicht nicht mehr mag. Es schlägt ihm sonst auf den Magen. Einen Willen hat er nicht, aber einen Magen hat er bestimmt.

Musische Ausbildung

In der Kindergarten- und der Schulzeit wird bei Kindern ein gewisser Wert auf eine musische Ausbildung gelegt, was sich mit den Jahren beim Mann wieder verliert. Zum Singen werden Sie ihn nicht bewegen können. Der singt höchstens, wenn er denkt, dass er allein ist, oder in der Badewanne, zur Not im Suff mit seinen Kumpels in der Kneipe oder auf dem Fußballplatz. Und seien Sie ehrlich, der soll auch gar nicht singen.

Hier ist der erzieherische Ansatz, den Sie nutzen sollten. Trällern Sie ganz unabsichtlich ab und zu ein kleines Liedchen, nur so für sich, wenn er dabei ist. Es gibt da so schöne Oldies, die meist schon vergessen sind, sich aber ganz einfach nachsingen lassen und auch ohne Musikbegleitung gut klingen.

Denken Sie daran, was solche Vollbluthausfrauen wie Katja Ebstein so gesungen haben. Beispielsweise: *„Das bisschen Haushalt macht sich von allein, sagt mein Mann ...",* oder *„Dann heirat' doch dein Büro. Du liebst es doch sowieso..."*

Sie werden sehen, dass er mit der Zeit sogar Gefallen an der Musik findet, die Sie sich sonst immer im Radio einstellen, statt es immer ausmachen zu wollen oder nach einem besseren Programm zu verlangen. Er wird sogar die Werbeblöcke im Fernsehen nicht mehr so ätzend finden.

Sex

(Diesen Abschnitt lesen Sie auf eigene Gefahr, da die Problematik stark alkohollastig und auch sehr diffizil ist, sich allerdings auch nicht weiter entschärfen ließ, um ihren Info-Wert zu bewahren)

Der Mann sieht diese Art der menschlichen Aktivität nur als Freizeitbeschäftigung an. Bringen Sie ihm bei, dass das nicht stimmt. Sex ist Pflicht, denn es steht immer ein Muss dahinter. Das Allerwichtigste beim Sex ist nämlich: *Er muss können und Sie müssen wollen.* Wenn Sie das richtig anstellen, dann wollen Sie auch, wenn er kann, auch wenn es Ihnen gerade nicht so gelegen kommt, weil Sie vielleicht Wichtigeres vor gehabt haben.

Sex kommt beim Mann zwar gedanklich immer zuerst, aber praktisch erst nach Essen und Schlafen. Bei manchen auch erst nach Essen, Schlafen und Saufen und da aber oft nur noch theoretisch weil sich ein Mann mehr als drei Dinge nicht gleichzeitig merken kann. Das zu ändern ist Ihre Aufgabe. Wenn Sie das mit dem Sex bei ihm nach dem Essen und vor dem Schlafen verorten können, haben Sie schon das Wichtigste, und schon mehr als manche andere Frau geschafft. Das mit dem Saufen vergisst der seltsamerweise sowieso nicht. Das muss bei Säugetieren genetisch verankert sein.

Wie schon erwähnt: Dass Schuhe kaufen für Frauen besser als Sex ist, braucht er nicht zu wissen. Wichtig ist aber, ihm zu vermitteln, dass man für das, was man am liebsten tut, auch die meiste Zeit aufwendet.

Während Sie also soviel Zeit wie möglich für den Schuhkauf aufwenden, ihre ganze Aufmerksamkeit, Seele und eventuell auch Leidensfähigkeit in diesen Prozess hinein investieren, unabhängig davon, ob Sie Schuhe brauchen oder am Ende eventuell vielleicht sogar welche mitnehmen, packt er das ganz anders an.

Für das, was er am liebsten tut, also den Sex, wendet er ohne Rücksicht auf Sie trotzdem nur soviel Zeit und Energie auf, wie für ihn dazu unbedingt nötig ist. Ausdauer und Begeisterung, das ist das, was Sie ihm erst anerziehen müssen.

Aus der Tierwelt kennen wir das sogenannte Balzverhalten. Das wird vorwiegend vom Männchen der jeweiligen Tierart bestritten.

Beim Menschen ist das im Laufe der Jahrtausende infolge der Zivilisation irgendwann vertauscht worden. Während das Tiermännchen mittels abartigem Benehmens, bunter Federn, mächtiger Mähne und Rivalitätskämpfen und manchmal sogar durch Nestbau um das meist unscheinbare Tierweibchen wirbt, hat es sich leider durchgesetzt, dass das Menschenmännchen vom Menschenweibchen mittels Dessous, kosmetischer Kapriolen und oft sogar abartigem Benehmens bebalzt werden muss.

Es kann allerdings zurzeit noch vorkommen, dass in der Anfangszeit von menschlicher Beziehungsaufnahme bei ihm durchaus noch tierische Relikte aktiviert werden können. Das ist aber leider oft nur vorübergehendes Täuschungsverhalten des Männchens und seiner anfänglichen Liebesverwirrung zuzuschreiben.

Behalten Sie in diesen Dingen die Initiative, auch wenn es Ihnen anfangs schwer fallen sollte, aber sonst wird dat auf Dauer nix.

Es besteht das allgemeine Vorurteil, dass das Abbrennen von Wachslichtern, sogenannten Kerzen, das Trinken von irgendwelchen alkoholischen Getränken und die Verteilung von Blumendekoration im leicht abgedunkelten Räumen sowie das Abspielen von getragenen, eventuell sogar klassischen Musikstücken eine dem Sex förderliche Atmosphäre schaffe, der auch der Mann nicht widerstehen könne.

Es wird da auch auf spezielle Dessous verwiesen, die dazu passen zu tragen seien. Das wird in der Werbung für diese Zutaten stark verfochten. Versuchen Sie es. Ich würde mich an Ihrer Stelle nicht so sehr darauf verlassen. Aber es soll ja manchmal trotzdem funktionieren.

In letzter Zeit wird von Eheberatern für Frauen die Methode sehr empfohlen, beim Sex *Highheels* zu tragen und sie auch im Bett anzubehalten, aber das ist nur einer der Auswüchse zur Verschleierung der um sich greifenden Orangenhautpanik. Probieren Sie es aus, aber wundern Sie sich nicht, wenn er sich dann Reitstiefel zulegt. Sie sind zwar kein Pferd, aber der Zweck heiligt auch hier wie meistens die Mittel. Der Erfolg ist schließlich maßgebend. In einschlägigen Geschäften wird zwar allerhand sogenanntes Sexspielzeug angeboten. Das ist aber meist nur für den noch pubertierenden Mann im fortgeschrittenen Lebensalter und auch kaum erfolgsgetestet.

Gehen Sie professioneller an das Problem heran, kaufen Sie als Hintergrundgeräusch für das Liebesspiel CDs mit dem Sound röhrender Formel-1-Motoren *(Monza 1987 oder Monte Carlo 2003)* oder den Soundtrack der Originalaufnahme eines Fußball-Weltmeisterschaftsendspiels *(Rom 1990)*. Im Notfall tut es auch die Videoaufzeichnung vom letzten Heimspiel seines Klubs, die er selbst aufgenommen oder am Fernseher mitgeschnitten hat. Man muss ja nicht hinsehen, dafür darf der Ton durchaus etwas lauter laufen. Stecken Sie sich eventuell Watte in die Ohren. Sie werden sehen, Stimmigkeit ist auch für ihn alles. Ein Mann, der nur dasitzt und nichts tut wird behaupten, dass er denkt. Woran? Natürlich an Sex. Lassen Sie das nicht zu. Davon haben Sie absolut nichts. Ein Mann muss praktisch veranlagt sein. *(Das mit Sex und Alkohol, das hatten wir wohl schon.)*

Verlangen Sie auch vor, während oder nach dem Sex nie eine intelligente verbale Leistung vom Mann. Egal was er auch sagt, es wird Sie verletzen.

Zum Schluss noch etwas, was Ihnen vielleicht abwegig erscheinen mag: Kommt der Mann und auch Sie langsam in die Jahre und die Leidenschaften sind schon etwas abgekühlt, werden Sie sich fragen, was Sie eventuell tragen könnten, um seine Aufmerksamkeit wieder auf sich zu lenken. Denken Sie da aber nicht etwa an irgendwelche Dessous oder dergleichen. In diesen Fällen tragen Sie am besten mal einen Kasten Bier. Der Versuch ist nicht strafbar. Vielleicht springt er doch darauf an.

Beziehung

Das Wort Beziehung ist ein vom Mann sehr ernst genommenes inhaltsloses Wort, mit dem sie ihn sehr gut steuern können. (Siehe Einführung zu diesem Ratgeber.) Umfragen haben ergeben, dass man in einer Beziehung nur glücklich leben kann, wenn man nicht alles voneinander weiß. Ohne Geheimnisse geht es nicht. Sorgen Sie deshalb dafür, dass mindestens die Hälfte der Geheimnisse gewahrt bleibt. - Ihre. Vertrauen ist gut, aber Kontrolle ist besser (Lenin).

Flüchtige Beziehung

Falls Sie etwas unsicher in der Erziehung Ihres Objektes geworden sein sollten, wird angeraten, ab und zu Vergleiche zu ziehen. Immer nur Training und Heimspiele, das bringt selbst beim Fußball nix.

Ab und zu ein Auswärtsspiel, da kann man feststellen, was man wirklich bringt und andere leisten. Dieser Grundsatz, auf das angewendet, was der Mann Beziehung nennt, hält Sie auf der richtigen Bahn. Sie werden ihm dann auch viel präziser vermitteln können, was Sie von ihm wollen. Jeder Fußballtrainer weiß das.

Sie werden es erst zwar nicht glauben, aber mit der Zeit werden Sie mitbekommen:

Die Kerle, die Sie da ab und zu nachts oder gegen Morgen nach stundenlanger Überzeugungsarbeit aus der Bar oder der Disko mal so kurz mit nach Hause genommen haben, waren auch nicht das Gelbe vom Ei.

Sollte es sich allerdings absolut nicht vermeiden lassen, eine flüchtige Beziehung der Klasse „Quickie" oder „One-Night-Stand" einzugehen, dann achten Sie darauf, dass der von Ihnen gewählte Typ im Ernstfall auch das mit dem „flüchtig" bei diesem Kontakt tatsächlich beherrscht und Sie in keine heikle Situation kommen lässt.

Das mit dem Kleiderschrank ist da nicht so gut. Fenstersprung ist besser. In diesen Fällen ist es immer ratsam, nicht so hoch zu wohnen.

Und dann noch eins. Der Kerl, der ganz souverän ist, dieser Traumtyp mit Umgangsformen, mit gesichertem finanziellen Hintergrund, dieser Durchreißer, der Sie erst so unwiderstehlich knackt, um Sie dann wie eine Auster wegzuschlürfen, den können Sie sich abschminken.

Der kommt außer in Ihren Träumen vielleicht noch in solchen Filmen wie „*Vom Winde verweht ...*" vor.

Und auch da hat Clark Gable nur gestisch und auch nur verbal das abgeliefert, was ihm das Drehbuch vorschrieb. Es ist verbürgt.

Anwendung von Kosmetik

Bei Naturvölkern bemalen sich die Männer. Das soll einst zur Erregung der Aufmerksamkeit der Weibchen gedient haben. Das verwendet der Schamane oder Medizinmann auch noch, wenn er sich die Geister der Verstorbenen wohlwollend stimmen möchte. Später hieß das dann, begründet durch verschiedene und überraschend positive Ergebnisse bei unliebsamen Vorkommnissen, aber „Kriegsbemalung" und diente dann nur noch der Abschreckung des Feindes und der bösen Geister.

In unserer Zivilisation hat sich in Nachahmung dieser Sitten die Kosmetikindustrie entwickelt. Ausgehend von der früheren Meinung der Frauen, das benachteiligte Geschlecht zu sein, ist diese Fehlentwicklung entstanden, weil sie glaubten, das mit der Anmalerei den Männern nachmachen zu müssen und auch nicht zu Unrecht glaubten, das besser zu können. Mag sich das nun entwickelt haben, wie es will. Kosmetik ist dazu da, Frauen noch schöner zu machen, als sie schon sind. Man spricht da bekanntlich vom „Make up". Klagen Sie deshalb nicht, wenn Sie länger und aufwendiger mit sich beschäftigt sein müssen, als ein Mann. Männer erwarten das von Ihnen.

Es muss ja nicht unbedingt eine offensichtliche „Kriegsbemalung" sein, wenn Sie einmal etwas unternehmungslustiger sind, obwohl, meist hilft es ja.

Wenn er ein Feigling ist, dann wollen Sie ihn doch auch nicht. Solche sollen schon abgeschreckt werden. Man hat schließlich nicht für alles Zeit.

Kuscheln

Bei noch nicht domestizierten Männern ist Kuscheln ein Stress auslösendes Fremdwort. Konditionieren Sie ihn deshalb. Wenn er weiß, dass ihn eine Stunde Kuscheln vor mehreren Stunden Intensivberieselung mit Vorwürfen bewahren kann, dann sollen Sie mal sehen, wie gerne der kuschelt... Er hat eigentlich nur Angst. Sex, das weiß er. Da ist man irgendwann damit fertig. Beim Kuscheln, da weiß er nicht, wann man da mit ihm fertig ist. Soll er auch nicht...

Kuscheln ist eine körperliche Zuwendung, die Ihrem, dem weiblichen Immunsystem gut tut. Das weiß schon die Katze. Warum kommt die denn, um sich von Ihnen streicheln zu lassen? Kuscheln, das ist ein Muss für Ihre Gesundheit und nur Sie wissen, wie viel Sie davon brauchen. Behalten Sie das aber für sich. Er würde es sowieso nie begreifen.

Eifersucht

Alle Männer sind auf jeden anderen eifersüchtig. Das ist eigentlich der Hauptunterschied zwischen Mann und Frau. Eine Frau ist nie auf einen anderen eifersüchtig, sondern nur auf die andere oder auf etwas anderes. Ist der Mann nicht eifersüchtig, dann ist er kein Mann. Und solange er auf den Falschen eifersüchtig ist, ist eigentlich alles in Ordnung.

Ist er bei Ihnen auf der richtigen Fährte, so dass Sie eventuell auffliegen könnten, machen Sie Ihrerseits auf Eifersucht. Er wird es Ihnen glauben und sich beruhigen.

Sie wissen schließlich, dass jede Frau, die Ihren Partner so intensiv anguckt, wie die Schlampe die Ihnen beiden gerade begegnet ist, eigentlich nur eine Hure sein kann und verbreiten Sie sich darüber verbal, so schnell es geht, so laut Sie können und so weit, wie Ihnen möglich.

Es schadet auch nichts, wenn er dabei gleich ordentlich allerhand von Ihnen mit abkriegt. Wer sagt Ihnen denn, dass er nicht zurückgeguckt hat, oder das zumindest vielleicht gewollt, und es sich in Ihrem Beisein nur nicht getraut hat...

Gespräch / Meinungsverschiedenheiten

Es heißt, am Gespräch erkennt man, ob und wie eine Beziehung funktioniert. Das gilt natürlich nur für Männer, die noch glauben sollen, dass es Beziehungen überhaupt gibt.

Nähere Untersuchungen ergaben, dass Gespräche nicht der Kontaktpflege oder dem Informationsaustausch dienen, sondern dass da immer einer den anderen auszuhorchen versucht. Lassen Sie sich nie auf so etwas ein. Lassen Sie sich nie ausfragen. Horchen Sie aus. Es steht übrigens im Strafgesetz, dass man sich nicht ausfragen lassen muss. Darüber muss sogar der Richter die Zeugen vor Gericht belehren, dass sie nichts sagen müssen, wenn sie sich damit selbst belasten, bevor er sie ausfragt.

Wenn schon ein Gespräch mit dem Mann, dann führen Sie das und er hat Ihnen zu erklären, was er denkt, und warum er nicht mit Ihnen einer Meinung ist. Diese Auskunftspflicht ist die Grundvoraussetzung für seine Duldung. Bestehen Sie auf Antworten auf Ihre Fragen. Widerspruch müssen Sie nicht akzeptieren. Wenn Sie anfangen sich auf seine Einwürfe einzulassen, wie wollten sie ihn den dann erziehen? Wenn dem Mann im Gespräch die Argumente ausgehen, dann behauptet er, dass Sie auf Streit aus sind. Egal, ob nach einer oder nach zwei Stunden in hartnäckigen Fällen auch erst nach Tagen oder Wochen eines von Ihnen beharrlich mit ihm geführten klärenden Gesprächs, irgendwann wird er das behaupten. Wenn Sie Ihre Fakten zu schnell und in zu großer Geschwindigkeit übermitteln fällt das bei ihm durchs Sieb. Dafür kann er nichts. Diese Daten gehen dann absolut verloren, weil sie nicht in sein Langzeitgedächtnis gelangen. Das männliche Gehirn, speziell das Kurzzeitgedächtnis, weist nämlich zur Aufnahme von Vorwürfen einen verschwindend geringen Speicher auf und arbeitet diese Daten anschließend auch nur, wenn überhaupt, sehr langsam ab. Sie kennen das bestimmt vom Computerabsturz. Da ist auch meist alles weg. Machen Sie es deshalb langsam und eindringlich, gerade wenn er es nicht hören will. Jedes Ihrer Gespräche dient schließlich der erziehenden Unterweisung.

Vergewissern Sie sich, dass er verstanden hat. Lassen Sie ihn es wiederholen. Die Wiederholung ist die Mutter der Weisheit. Nur so werden Sie siegen. Irgendwann muss man als Frau allerdings wissen, dass alles was man noch sagen müsste, nur noch Nörgelei ist, auch wenn man recht hat. Legen Sie deshalb in ihre Argumentation ab und zu eine Pause ein.

Heben Sie sich immer Argumente für später auf. Morgen, nächste Woche oder im nächsten Monat, es ist immer Gelegenheit, das zu klären, was Ihnen manchmal jahrelang wichtig erscheint. Irgendwann muss er das schließlich auch erst einmal verarbeiten, was Sie in ihm zu verinnerlichen versuchen. Es ist nicht immer so, dass er dagegen wäre, aber er will es schließlich auch ab und zu begriffen haben.

Fechten Sie allerdings, wenn Sie gerade dabei sind, Ihnen danach ist und Sie genügend Lungenkraft aufbringen, jede Sache bis zur letzten Instanz durch. Haben Sie keine Angst, dass Ihnen der Konfliktstoff einmal ausgehen könnte, falls Sie etwas endgültig geklärt haben. Die Konfliktthemen wechseln zwar mit den Jahren und auch mit den Umständen, in die Sie sich miteinander hineinmanövriert haben, aber ausgehen werden sie Ihnen nicht.

Es gibt aber auch Männer, die von sich aus Streit vom Zaun zu brechen versuchen, wenn sie schlechte Laune haben. Lassen Sie sich nicht darauf ein. Im Normalfall geben Sie ihm einfach keine Antwort. Lassen Sie ihn einfach stehen. Seine Sie konsequent. Stellen Sie sich vor: Mann, nackt allein im Wald. Hungrig. Nacht, Kälte, Sturm, Schnee und Eis. Regt sich da eventuell Ihr Mitleid? -

Lassen Sie sich nicht beirren. Er ist schließlich immer noch im Unrecht. Erst muss er Abbitte tun ... Sie können es sich ja dann immer noch überlegen...

Kondome

(Dieser Abschnitt macht sich erforderlich, weil zwar das Handling dieser Ware bereits im Schulunterricht bis zum Überdruss vermittelt und auch geübt wird, der Verwendungszweck der verschieden verpackten Erzeugnisse ist jedoch meist unbekannt, was dringend einmal geklärt werden muss und hiermit geschieht)

Kondome gibt es in mehreren Verpackungsarten. Am einfachsten ist zwar die Einzelverpackung, aber Mehrfachpacks sind übersichtlicher. Die Pille gibt es schließlich auch nur mit den Wochentagebezeichnungen, damit frau nicht durcheinanderkommt.

Einzelverpackung. Die Kondom-Einzelverpackung war für Anfänger gedacht, ist aber inzwischen zum Hauptdemonstrationsobjekt für die Aids-Vorbeugeunterweisung im Schulunterricht aufgewertet worden, was den plötzlich so stark angestiegenen Bedarf erklärt und dieses Erzeugnis deshalb zu dem mit den höchsten Absatzzahlen machte.

Dreierpack. Der Dreierpack ist etwas für Angeber beim One-Night-Stand.

Sechserpack. Der Sechserpack *(nicht zu verwechseln mit dem Sixpack)* ist nicht für eine ganz wilde Nacht, auch nicht für den täglichen Sex, sondern für das Zweiwochenprogramm unter dem Titel: *„Sonntags nie".* Also: Montag, Mittwoch,

Freitag, Dienstag, Donnerstag, Sonnabend. Dann geht es bei der nächsten Packung wieder mit Montag los. Nehmen Sie also immer zwei Packungen und notieren Sie immer die entsprechenden Tage darauf. Das mit der Zählung wird für den Mann sonst zu kompliziert.

Zwölferpack. In manchen Ländern wird auch der Zwölferpack vertrieben. Das ist für den kontinuierlichen Sex ohne Pausen zwischendurch. Diese Packung und deren Verwendung sind in letzter Zeit sehr beliebt. Sie wissen schon: Januar, Februar, März, April, Mai, Juni ... Und an Weihnachten können Sie immer schon die Packung für das nächste Jahr bereitlegen, damit Sie es nicht vergessen.

Viererpack. Zum Schluss noch etwas zum Viererpack. Das geht dann so: Frühling, Sommer, Herbst und Winter. Der Grund, weshalb Frauen allerdings trotz der viel zu kurzen Verfallsfrist dieses Erzeugnisses meist mehrere Viererpacks gleichzeitig kaufen, ist noch nicht bekannt. Das zu ergründen, ist weiterer Forschung vorbehalten.

Urlaub

Das ist eine Zeitkategorie, die Sie dominieren müssen. Das können Sie keinesfalls dem Mann überlassen, weil er das garantiert verschusselt. Sie bestimmen grundsätzlich und ultimativ das „Wohin". Sein Konto ist dann das Kriterium für das „Wie lange". Da haben Sie auch noch Einfluss. Wozu gibt es sonst Kredit. Das „Wann" bestimmt dann aber, wenn Sie nicht aufgepasst haben, meistens sein Chef. Ohne Ihren direkten Einfluss läuft das meistens nicht so wie Sie sich das wünschen.

Urlaub, das hat für den Mann von jeher etwas mit sich nicht rasieren müssen, im Schlabberlook rumhängen, baden, Bier trinken, angeln, fernsehen, grillen, dumm rumlabern, in

Biergärten oder der Kneipe hocken und dergleichen zu tun gehabt. Wenn Sie dem leichtsinnigerweise die Urlaubsgestaltung überlassen, dann sind Sie voll angeschissen.

Jede dritte Scheidung wird laut Statistik nach einem gemeinsamen Urlaub eingereicht. So stand es in der Zeitung. Fahren Sie also nie mit ihrem dritten Mann in Urlaub, solange Sie ihn noch benötigen.

Umfragen

Illustrierte haben neben anderen Artikeln meist auch eine Ratgeberseite, die sich aus Umfrageergebnissen ernährt, unter anderem auch zu Beziehungsproblemen. Beispielsweise zu den Methoden und Möglichkeiten, das sexuelle Zusammenleben mit dem Partner wieder mal aufzupeppen.

Das wird zur Erinnerung abgedruckt und auch, um in Vergessenheit geratene Sachen richtigstellend wieder neu in das Lesergehirn einzuspeichern.

Da haben Sie dann zur Auswahl: *Die Verwendung schmutziger Worte, gemeinsames Porno-Gucken, Striptease, Intimrasur, Sex an ungewöhnlichen Orten, Gruppensex, Analverkehr, Fesselspiele* und dergleichen. Auch das sogenannte Lottospiel wird empfohlen. Sie wissen schon: *„Sex Stellungen aus Neunundvierzig."* Lassen Sie da um Himmelswillen die Finger davon. Lassen Sie ihn das ruhig lesen, aber sprechen Sie es niemals an. Auch wenn er eventuell unterschwelliges Interesse zeigen sollte, damit verschrecken Sie ihn nur.

Versuchen Sie es ganz altmodisch. Stellen Sie sich doof und lassen Sie ihn machen. Wenn er es braucht, dass die elektrische Eisenbahn dabei ums Bett fährt, er dabei die Fahrdienstleitermütze trägt und Ihnen die Trillerpfeife umhängt, während er die Kelle schwingt, dann kann Ihnen das doch egal sein. Hauptsache es hat wieder mal geklappt.

Auch wenn er beim Lotto wieder nur die „*Superzahl*" gezogen hat, ist das manchmal auch ganz schön. Was pervers ist und verrucht, davon haben Männer eben ganz eigene Vorstellungen. Sie werden sich da oft sehr wundern.

(Den gerade angeführten Tipp habe ich rein zufällig bekommen, weil er in meinem Faxgerät als Irrläufer gelandet war. Es würde mich also interessieren, ob jemand in dieser Hinsicht auch praktische Erfahrungen gemacht hat. Vor allem: Welche?)

Eine Frauenzeitschrift hat neulich eine Umfrage gestartet, welchen idealen Mann sich eine Frau für das Wochenende wünscht, wenn sie ihn sich selbst aus einem Baukasten zusammenstellen könnte.

Da gingen die Wünsche vom abenteuer- und unternehmungslustigen Begleiter über den gemütlichen Stubenhocker bis zu dem, der viel Lust auf Sex hat. Solche, die auf Fußball stehen wurden ganz abgelehnt.

Man war sich aber am Ende dahingehend einig, dass er akzeptabel ist, wenn er gut aussieht, zahlt und nicht viel redet. Solche Ergebnisse werden nicht für Sie veröffentlicht, sondern für ihn, damit er sieht, wie bedürfnislos Frauen im Allgemeinen doch sind. Lesen Sie ihm das vor. Bringen Sie ihm das bei. Da hat er wenigstens einen Grund, dankbar zu sein.

Eine zeitübergreifende Umfrage-Studie will herausgefunden haben, dass deutsche Männer im Alter von 18 bis 30 Jahren vor 30 Jahren noch 18- bis 22-mal Sex im Monat hatten, aber jetzt nur noch vier- bis zehnmal. Bei älteren Männern sei das noch gravierender. Das liege am Alltagsstress. Das mag schon wahr sein.

Das Problem liegt für Frauen aber woanders. Eins steht nämlich damit fest: Die Männer haben also heutzutage immer noch Sex ... da fragen Sie sich als Frau allerdings nicht zu Unrecht: Mit wem eigentlich?

Wirtschaftsaufschwung

Die Stabilität der Binnenkonjunktur ist einer der wichtigsten Voraussetzungen für die Erhaltung der Wirtschaftskraft eines Landes. Davon haben Sie als Frau aber nichts, im Gegenteil. Es wird derzeit stark daran herumgerätselt, worauf der Wirtschaftsaufschwung beruht. Man will es aber nicht zugeben, dass man das weiß. Der beruht nämlich auf dem Missbrauch des Gefühlslebens der Frau.

Das hätten Sie jetzt nicht gedacht, aber das ist wie bei allen großen Skandalen und Schweinereien, man tarnt das offiziell und sogar amtlich, manchmal sogar per Gesetz oder Verordnung gut ab und unter der Decke bringen dann die ihr Schäfchen ins Trockene, die Ihnen mit ihrem Gequatsche und nichtssagenden Fremdwörtern Sand in die Augen gestreut haben.

Falls Sie sich also darüber empören, nützt das Ihnen überhaupt nichts. Folgende Ursachenfolge liegt dem Wirtschaftsaufschwung zugrunde und treibt ihn voran:

Mann muss so viel in der Firma arbeiten, dass er zuhause kaum noch Lust und Kraft für das Zusammenleben und den Sex aufbringt. Frau ist frustriert und sucht Ventil für Ersatzbefriedigung. Meist geht sie dann shoppen. Extensives Shoppen bedeutet für sie nicht nur einen Ersatz für die ihr durch die Wirtschaft entzogene Hinwendung des Mannes, sondern auch, dass sie ihren Geschlechtsgenossinnen diese Ware entzieht (Warum soll sie allein Frust haben.). Dadurch kurbelt sie den Warenabsatz und damit die Binnenkonjunktur der Wirtschaft an. Als Folge entsteht erhöhter Bedarf an Waren. Mann muss zusätzlich Überstunden machen. Frau wird noch frustrierter, shoppt noch öfter...

Daran sehen Sie, wie abartig pervers die Fäden in den oberen Etagen der Wirtschaft von den dort sitzenden Männern gezogen werden. Es soll sogar schon Fälle gegeben haben, dass man infolge des nun erhöhten Warenbedarfes sogar arbeitsunwillige Arbeitslose in Fabriken zur Arbeit verpflichtet haben soll.

Eine Frau hätte das in einem Interview gesagt, weil man überflüssigerweise sogar noch ihren Geliebten da mit eingebunden hätte. Als ob es denn nicht reichte, dass man ihr schon den Ehemann über die Arbeit entzogen hätte, nein, auch noch den Ersatzmann ... Die war vielleicht frustriert ... Solche Dinge können dann zur Überhitzung der Konjunktur führen.

Sollte er also wieder einmal stinkig sein, weil Sie angeblich wieder einmal geshoppt hätten, bis der Gerichtsvollzieher kommt, dann sagen Sie ihm ruhig, dass das mit dem Frust zusammenhängt, den Sie hätten, wenn er Sie vernachlässigt. Machen Sie ihm klar, dass Sie dadurch die Binnenkonjunktur ankurbeln und damit wenigstens etwas für die Wirtschaft tun. Falls er Ihnen das geschenkt hätte, was Sie sich nun selbst gekauft haben, wäre das zwar auch Binnenkonjunktur fördernd, aber eben für Sie ohne Frust. Da hätte er ruhig das Falsche anschleppen können, aber wenn er den Kassenzettel noch hat, lässt sich schließlich meist alles noch umtauschen. Das muss er schließlich wissen, was er will, und das ist in jedem Fall vorrangig Ihr Glück, und dass dabei der Wirtschaftsaufschwung mit gefördert wird, ist eigentlich ein positiver Nebeneffekt, gegen den er auch nichts haben sollte.

Der Wirtschaftsaufschwung, die Stabilität der Binnenkonjunktur und all der sonstige ökonomische Kram, das ist demnach eine für Sie als Frau sehr zwiespältige Angelegenheit und wie das dadurch infolge der Gegenläufigkeit der wirtschaftlichen und privaten Interessen und die daraus entspringende Unmöglichkeit Ihrer gleichzeitigen sexuellen und materiellen Befriedigung läuft, auch wie man als Frau dem abzuhelfen versuchen muss, habe ich Ihnen nun erklärt. Das ist ein Kreislauf, der auch in Ihrem Interesse von den Männern in Gang gehalten wird, so blöd Ihnen das auch vorkommen mag. Hier erreichen Sie nichts, wenn Sie etwas dagegen unternehmen wollten, weil das die Basis auch Ihres Lebensstandards bildet.

Lassen Sie sich deshalb nie mit ihm auf eine Diskussion über Wirtschaftsprobleme ein. Er wird Sie nicht verstehen, selbst, und gerade dann nicht, wenn er darin entsprechend zertifiziert ausgebildet ist, vielleicht sogar einen akademischen Grad in Volkswirtschaft oder Betriebswirtschaft erlangt hat. Gerade diese Ausbildung soll doch verhindern, dass er die inneren Zusammenhänge von Wirtschaftsprozessen begreift, weil eine solche Erkenntnis für das, was heutzutage alles angestellt wird, für uns und damit auch für Sie gefährlich wäre.

Naturgesetzliches über den Mann

Die Frage, ob Sie ihren Mann noch lieben wird er sich nie stellen. Das setzt er voraus und er weiß, dass er das von Ihnen schon gesagt bekommt, wenn es vorbei ist. Männer sind darüberhinaus grundsätzlich treu, wenn sie keine Gelegenheit zur Untreue haben.

Männer lieben an der Frau Intelligenz, Fröhlichkeit und Natürlichkeit, wenn diese Frau blond hochbusig, schlank, langbeinig und willig ist.

Ob der Sex mit Ihnen für ihn wichtig ist, dürfen Sie sich, und ihn schon überhaupt nie fragen. Das ist eine Überzeugung, die Sie aus sich heraus haben und ihm unbedingt beibringen müssen.

Bei der platonischen Liebe ist das so, dass er nicht glaubt, dass es sie gibt. Da ist er prinzipiell dagegen. Sie sind allerdings imstande, so etwas zu betreiben. Er nicht. Aber das können Sie ihm nicht begreiflich machen. Da wird Ihnen sogar Ihr platonischer Geliebter zustimmen, wenn Sie ihn bei ihrem nächsten heimlichen Treff so zwischendrin, wenn Sie ihn mal wieder etwas zu Atem kommen lassen, danach fragen sollten.

Er hat Ihnen gerade ein Kompliment gemacht? Also: Entweder will er etwas von Ihnen, oder er hat ein schlechtes Gewissen. Dass er Sie gerade besonders lieb hat, das glaubt er wohl selber nicht. Dazu kennen Sie sich selbst zu gut. Machen Sie sich auch nie Gedanken darüber, wie er sein könnte oder sein sollte. Beobachten Sie ihn einfach, wie er ist und biegen Sie ihn sich dann, wie Sie ihn brauchen.

Wenn Sie ihn wieder einmal los sind und erneut auf der Suche, legen Sie alle Vorstellungen ab, die unter den Begriff Romantik fallen. Legen Sie einfach die notwendigen Kriterien fest, die Sie erfüllt sehen wollen. Beim Autokauf ist Ihnen doch auch die Marke egal, Hauptsache groß, teuer und komfortabel. Damit fahren Sie meist am besten.

Männer und ihre Arbeit

Der Mann liebt die Arbeit in seiner Firma. Grund: Da hat er seine Ruhe. Da weiß er, was er machen soll. Da bekommt er bezahlt, was er macht. Da hat er seinen Arbeitsplatz, seine Werkbank, sein Werkzeug oder seinen Schreibtisch und seine Akten.

Da findet er alles, was er braucht wieder, weil er weiß, wo er es das letzte Mal hingelegt hat und er weiß, wenn er alles so macht, wie man ihm das gesagt hat, dann ist er fertig damit und kann sich der nächsten Aufgabe widmen. Da ist er ein echter Langweiler. Da machen das alle so. Das kommt vom Herdentrieb.

Zuhause hat er das nicht, weil Sie ihm da sein Leben interessant gestalten. Sie räumen auf, Sie ordnen alles neu, Sie sagen ihm ständig neu, was er falsch macht und was er vergessen hat. Das müssen Sie auch. Er stumpft sonst auch zu Hause mit der Zeit ab, und einen Langweiler, das ist wohl das Letzte, was Sie gebrauchen können.

Es heißt, dass Workaholics eine gute Sorte Männer sind. Die suchen sich beispielsweise selbst Arbeit, auch wenn sie keine haben. So einer richtet selten Schaden an und ist auch gut zu halten. Wenn Ihrer so einer ist, dann prüfen Sie das aber lieber genauer. Er könnte schließlich auch ein Workaholic sein, der sich in seine Arbeit verkriecht, weil er auf Sie keinen Bock mehr hat. Bringen Sie den in Ihrem eigenen Interesse möglichst schnell wieder auf Linie.

Dass der Mann angeblich an seiner Arbeit stärker hängt, als an seiner Frau ist ein Wahrnehmungsfehler. Der Mann hängt so stark an seiner Arbeit wegen seiner Frau oder Familie. Er weiß instinktiv, dass er das auch alles verliert, wenn er seine Arbeit verliert.

Würden Sie ihn beispielsweise grundlos verlassen, dann hätte er nämlich immer noch seine Arbeit, was für ihn immer noch Hoffnung auf einen Neuanfang wäre.

Arbeitsstelle / Chef

Die beste Methode der Selbstverwirklichung ist es immer, sich einen Chef als Lebensabschnittsgefährten an Land zu ziehen.

In der Annahme, dass Sie wie jede normale Frau allerdings erst einmal die Grundsicherung, die Basis zur Selbstverwirklichung absichern wollen oder müssen, hiermit erst einmal die wichtigsten Hinweise:

In der Annahme, dass Sie wenigstens zeitweise irgendwie berufstätig sind und nicht selbständig, dann sorgen Sie dafür, dass Sie nicht nur bei oder unter, sondern an einem Chef arbeiten. Nehmen Sie nicht jeden. Es ist nicht wichtig, was Sie da tun, sondern, ob und wie Sie den handhaben können, der Sie bezahlt und der, wenn es gar nicht anders geht, Ihnen da vielleicht sogar Arbeit zuzuteilen versucht.

Grundsätzlich gibt es nur zwei Arten von Vorgesetzten. Entweder er grapscht sie an oder er lässt es. Im ersten Falle ist er ein geiles Schwein, das es immer nur auf sexuelle Belästigung abgesehen hat und im zweiten ein unsensibler gefühlloser eiskalter Hund und Leuteschinder. Wie Sie sich diesen Typen gegenüber benehmen oder was Sie zufällig an haben ist in jedem Falle unwichtig. Als Chef nehmen die das sowieso nicht wahr, weil Sie ihm im ersten Fall sowieso unabhängig von Ihrer Arbeitsleistung nur als Sexobjekt gelten, und er im zweiten Fall viel zu sehr mit sich selbst und seinem Image oder mit seinen geschäftlichen Angelegenheiten beschäftigt ist, um sich zu viel mit Ihnen abzugeben.

Ihre vorrangigste und allererste Aufgabe bei Aufnahme der Tätigkeit ist also die, den Chef auf Ihre Seite zu kriegen. Wie Sie das machen, ist dabei gleichgültig, Hauptsache ist dass Sie ihn kriegen und dass er es nicht merkt, wie Sie das gemacht haben. Haben Sie den Chef an der Leine, dann werden Sie merken, dass er auch nur ein Mann ist. *(Behandlungsweise des Mannes siehe unter den restlichen Stichworten dieses Ratgebers.)*

Chefs, die sich Ihnen gegenüber überlegen benehmen, vielleicht sogar väterlich, Sie dauernd loben und sich verständnisvoll geben, vielleicht Ihnen sogar zuhören, sind gefährlich. Die wollen Ihnen nämlich einen Teil Ihres Gehaltes in sozialen Kuscheleinheiten bezahlen, was bekanntlich nichts kostet, und dabei gleichzeitig Ihre kreativen Ideen dabei zum Nulltarif abschöpfen. Die schaffen es meist sogar Ihnen tatsächlich eine Arbeit aufzuhalsen, bei der Sie sich anstrengen müssen. Lassen Sie das nicht zu. In diesen Fällen gibt man sich als Frau am besten blond.

Männerwitze

Männerwitze sind angeblich schweinisch, sexistisch, chauvinistisch, frauenfeindlich und wirklichkeitsfremd. Das muss nicht immer stimmen. Der Männerwitz hat nicht selten noch mehr zu bieten. Beispiel:

> *Unrasiert mit düsterem Gesicht sitzt ein Handelsvertreter an der Theke des Schnellimbisses in einer ihm fremden Stadt und spricht die Kellnerin an: „Ich möchte zwei angebrannte Spiegeleier mit verkohltem Toast und eine Tasse dünnen lauwarmen Kaffee." - „Ist das Ihr Ernst?" - „Jawohl. Und dann setzen Sie sich bitte neben mich und nörgeln an mir herum. Ich habe Heimweh."*

Das mag Ihnen jetzt etwas ungewöhnlich erscheinen, aber wenn er diese Art Witze erzählt, dann ist er wirklich gezähmt. Dann versteht er Sie und liebt sie auch.

Shoppen und Einkaufen

Shoppen und Einkaufen gehen sind zwei Dinge, die Sie absolut voneinander getrennt halten müssen. Einkaufen, das ist das oft unumgängliche Zusammenraffen des notwendigen täglichen Nahrungsbedarfes und Ähnlichem im Supermarkt, um zu Hause nicht zu verhungern.

Shoppen ist ein vorrangiges Lebensbedürfnis und für Frauen fällt es unter die unantastbaren Menschenrechte. Dem Mann kommt die vorrangige Aufgabe zu, Ihnen dieses Menschenrecht abzusichern.

Um tatsächlich ungestört Shoppen zu können, ist es er-forderlich, dass Mann und Frau das getrennt erledigen. Das ist ein sehr bewährtes Mittel, effektiv zu Shoppen. Wenn man sich trennt, vereinbart man vorher Ort und Uhrzeit, wann und wo man sich wieder treffen will. Das hat einen sehr einfachen Grund:

Mann: Ein Mann geht zumeist zielgerichtet dahin, wo es das Gesuchte gibt, bezahlt es und im Besitz der gekauften Ware genießt Mann das angenehme Gefühl erfüllter Pflicht. Sodann wendet er mit voller Aufmerksamkeit sich seiner nächsten Aktivität zu. Sie sehen, da stellt er nicht viel an und man kann ihn durchaus an der langen Leine laufen lassen. Diese prosaische Art der Tätigkeit heißt „Einkaufen". Ihr Unterhaltungswert ist gleich Null. Man kann sie dem Mann überlassen. Am Besten gibt man ihm einen Zettel mit, auf dem alles steht was er einkaufen soll, damit er auch nichts vergisst.

Frau: Bei Frau verhält es sich anders. Frau geht in irgen-deinen Laden und untersucht, probiert oder vergleicht die angebotenen Waren, stimmt sich mit ebenfalls anwesenden anderen Frauen über das Angebot ab und lässt sich darüber hinaus beraten. Das kann dauern und muss deshalb als Haupttätigkeit angesehen werden. Wenn Sie als Frau sich zur Kasse begeben und bezahlt haben, gehen Sie normalerweise mit dem Gefühl, als verlassen Sie eine Theateraufführung mitten im Stück.

Entweder hat Ihnen der plötzliche Ladenschluss oder ei-ne quengelnde Begleitperson, vielleicht auch das Ihnen nicht zusagende Angebot oder die zu geringe Auswahl, meist aber die Uhrzeit für einen vereinbarten Termin oder eine andere noch zu erledigende Sache den Spaß verdorben.

Der Kauf irgendeiner Ware ist für eine Frau, also auch für Sie, Nebensache, damit unwichtig, zwar oft aus der Notwendigkeit heraus erforderliches, aber nicht vorrangig und nicht immer das Ziel oder gewolltes Ergebnis des Shoppens. Das ist ein Naturgesetz. Weichen Sie in Ihrer Verhaltensweise nie davon ab. Darauf muss auch Ihr Partner sich verlassen können.

Vorgenanntes ist zwar ganz logisch und einfach zu verstehen, Männern jedoch nur sehr schwer begreiflich zu machen. Die Geschlechter sind sich gegenseitig bei ihren Tätigkeiten im Konsumbereich des Warenvertriebes ständig im Wege.

Das ist evolutionär vorprogrammiert und in den Genen verankert. Wenn die Wissenschaft das bisher noch nicht beweisen konnte, dann ändert das an den Tatsachen doch nichts.

Die Ursache verschiedener Verhaltensweisen von Mann und Frau bei der Warenbeschaffung wurde in der Urgesellschaft der Jäger und Sammler gelegt.

Die Männer jagten gezielt etwas Bestimmtes, bis sie es hatten. Da nahmen sie alles an, was einigermaßen zweckmäßig erschien und ihnen dabei über den Weg lief. Fleisch ist schließlich Fleisch. Hauptsache, man kriegt es tot, um es mit nach Hause nehmen zu können und sich dort zu Gemüte zu führen.

Die Frauen sammelten Beeren, Nüsse, Körner, Früchte, Pilze und Wurzeln. Das lief nicht davon und man nahm, wenn die Auswahl bestand natürlich nur das, was am besten schmeckte und nicht einfach und kritiklos alles Essbare. Da wurde erst gesucht, dann probiert, sich untereinander abgestimmt und schließlich ausgewählt, bevor man einsackte.

Da die Beute der Frau, anders als die des Mannes, die lautlos anschleichend erlegt werden musste, auf akustische Reize nicht mit Fluchtreflexen reagiert, hat sich so entwicklungsgeschichtlich aus der Notwendigkeit der Kommunikation bei der Frau die Sprache entwickelt. Deshalb obliegt es auch Ihnen als Frau, ihm alles wortreich zu erklären, damit er es begreift.

Das Beuteschema beim Shoppen ist deshalb bei Mann und Frau unterschiedlich. Die zivilisierte derzeitige verwestlichte Verbrauchergesellschaft trägt dem immer noch Rechnung. Sie hat sich dankenswerterweise auf das Beuteschema der Frau hin entwickelt, während das in der sogenannten zeitweise als Sozialismus bezeichneten Mangelwirtschaft *(Beispiel: DDR)* infolge Warenknappheit mehr dem männlichen Prinzip mit der Jagd entsprach.

Erst einmal erbeuten, man wird dann schon sehen, ob man es braucht. Im Notfall führte das nach dem Kauf dann oft zum nachträglichen direkten naturellen Warentausch wie in der Urform. *(Z. B.: Räucheraal gegen Fliesen u. ä.)*

Die Gleichberechtigung der Frau lief damals darauf hinaus, auch sie zum Jäger abzurichten, was natürlich nicht geht. Ich will Sie ja nicht mit der Nase drauf stoßen, aber man sieht doch deutlich, dass die Gesellschaftsentwicklung geschichtlich deutlich in die richtige, die weibliche Richtung geht. Verwechseln Sie das aber nicht mit der beliebten Schnäppchenjagd. Der können Sie als Frau unbedenklich frönen. Das ist nur ein Geschicklichkeitsspiel. Da wissen Sie schließlich vorher, dass Sie das nicht brauchen, worauf Sie aus sind.

Diese etwas längere Abhandlung hielt ich in Anbetracht ihrer entscheidenden Aussage für erforderlich. Durchbrechen Sie auf keinen Fall dieses genetische Programm, sondern nutzen Sie es für sich. Ich wiederhole es noch einmal: Machen Sie vorher zu Hause eine Liste, auf der steht, was alles unbedingt eingekauft werden muss. Geben Sie ihm diese Liste und gehen Sie dann beide los. Er kauft anschließend ein und Sie gehen shoppen ...

Hobby und Männerfreizeit zu Hause

Ein Hobby, ein Steckenpferd, das ist etwas, was nur der Mann hat, weil er glaubt, das zu brauchen. Das ist das, womit er die Leerstellen in seinem bisherigen Leben ohne Frau gefüllt hat, beispielsweise, die Zeit nach der Arbeit, die er nicht verluderte. Er lebt da in dem Wahn eines Begriffes, den er immer noch „Freizeit" nennt.

Freizeit, das ist die Zeit auf die er zustrebt, wenn er mit der ihm von Ihnen übertragenen wichtigen Aufgabe eher fertig ist, oder Sie vergessen haben, ihn an etwas zu erinnern, was er noch unbedingt tun sollte, aber scheinbar zu erledigen vergessen hat. In dieser Zeit geht er dann dem Hobby nach.

Diese Fehlfunktion des Mannes entsteht zwangsläufig bei seiner Erziehung. Nachdem er endlich begriffen hat, dass er wirklich immer und jederzeit verpflichtet ist, etwas zu tun, tritt diese Erscheinung meist dann auf, wenn er allein und ohne Kontrolle ist. Erkennbar daran, dass das Hobby eine für Frauen nicht als sinnvoll erkennbare Art männlicher Betätigung darstellt.

Das ist so eine Art Arbeitsamkeitsautomatismus ohne Nutzeffekt. Eine Art Leerlauftraining für richtige Arbeit. Als Beispiele möchte ich hier das Sammeln von irgendwelchen gleichartigen oder unterschiedlichen Gegenständen nennen, denen er nachjagt *(Münzen, Briefmarken, Flaschenkronenkorkenverschlüsse, Bierdeckel ...)*, oder die Aufrüstung seiner Bestände an Werkzeug mechanischer und elektrischer Natur. Das ist meist noch verkraftbar, aber wenn er beginnt, sich außerhäusigen Hobbys zuzuwenden, wie beispielsweise Bierreisen und Fanclubveranstaltungen seines Kegelklubs, dann sollten Sie eingreifen.

Machen Sie einen ganz einfachen Test: Wenn das Hobby nichts kostet, Sie nicht stört, Sie auch in Ihrer Erziehungsarbeit an ihm nicht behindert und auch keine wichtige Arbeit liegenbleibt, dann ist es tolerierbar. Haben Sie etwas davon, dann sollten Sie es sogar fördern. Sobald er aber Geld dafür ausgibt und Sie davon nichts haben, dann schreiten Sie konsequent ein. Sie werden bald feststellen, wenn er das Wort Hobby verwendet, dann hat das irgendwie mit dem Trend zu männlichen Wellnessvorstellungen zu tun. Das läuft meist auf eine Sache mit Alkohol hinaus, zumindest koppelt er das Hobby oft damit. Damit würde er bestimmt gerne seine ganze dafür abzweigbare Zeit verbringen. Haben Sie darum immer ein wachsames Auge darauf.

Lassen Sie ihn ruhig von Freizeit reden, aber beachten Sie eins: Freizeit, das ist das, was der Mann laufend fordert, aber nie in dem von ihm geforderten Umfang bekommen darf. Ein Übermaß an Freizeit, das ist das, was er nutzlos vertut, weil er sich von seinen Problemen frei zu machen sucht, statt sich Ihren Problemen zu widmen und sie in Ihrem Sinne zu lösen. Versuchen Sie aber nicht, ihn dauernd mit Ihren Problemen zu beschäftigen. Halten Sie also Maß. Es ist gar nicht so schwer. Andere Frauen meistern das doch auch.

Viele Frauen sind der Meinung, dass der Mann überhaupt keine Freizeit braucht. Das stimmt nicht. Er benötigt genau so wie Sie ab und zu etwas Zeit, um die auf ihn einströmenden Umweltinformationen abzuspeichern und entsprechend einzuordnen. Das ist im Aufbau seines Gehirns begründet, welches immer versuchen wird, alles sinnvoll zu ordnen. Dabei darf es nicht gestört werden, weil er sich sonst nicht merkt, was er nicht vergessen darf.

Das Hobby ist da oft nur eine mechanische Ablenkung für die Rastlosigkeit seiner Hände, während sein Geist sich wieder infolge der nachträglichen Abarbeitung der ihm von Ihnen eingetrichterten Maximen wieder auf den Normalzustand zu Ihnen passfähig einzurichten versucht.

Hat er sich im Haus einen Raum eingerichtet, wo er diese Zeit verbringen will? Einen Partykeller, einen Bastelkeller, eine Ecke mit seinen Siegespokalen? Er züchtet irgendwelches Ungeziefer oder Hasen? Er kümmert sich um den Gemüsegarten, zieht vielleicht sogar Gurken oder Tomaten in einem Gewächshaus? Hat er vielleicht sogar eine Kakteensammlung, oder vermehrt Orchideen?

Viele Frauen glauben dann, dass sie der Mann nicht mehr liebt, weil er sich dahin zurückzieht. Sie denken dann, er mag nicht nur Sie nicht mehr, sondern auch das, was Sie veranstalten, wie Sie die Wohnung gemütlich hergerichtet haben und welches Möbel da drinsteht, vielleicht auch nicht das Fernsehprogramm, was sie für ihn auswählen. Das ist es aber nicht.

Er will da auch keineswegs nur seine Ruhe. Er will nur überlegen und sich über sich klar werden, sein Leben in den Griff kriegen. Er kämpft da in aller Heimlichkeit geistig alles das zu seiner Zufriedenheit mit sich selbst aus, womit sein Kopf tagsüber nicht fertig geworden ist.

Was er da macht kann Ihnen schließlich egal sein, die Hauptsache ist doch, dass er nicht herummotzt und sein geistiges Gleichgewicht bewahrt. Dass er Sie mit seiner Briefmarkensammlung betrügt, das glauben Sie doch im Leben nicht.

Etwas anderes ist es allerdings, wenn er diese von Ihnen großzügig gewährte Zeit zur Wiedereinrichtung seines Hirns für Ihre Zwecke sinnlos vergeudet mit Fernsehen, Computerspielen, Internetsurfen, Rumlabern oder so, vielleicht sogar mit dem Lesen von Büchern ... Greifen Sie da ordnend ein.

Dafür ist diese Zeit zu schade. Dann soll er lieber arbeiten. Sie haben da bestimmt etwas für ihn, was unbedingt sofort erledigt werden will ... ?

Fußball

Allein dieser Begriff kann alles vernichten, was Sie unter einer mit dem Mann aufgebauten Gemeinsamkeit verstehen. Die Erwähnung von „Fußball", das kann beim Mann wie ein Schalter wirken. Das macht manchen Mann zum kopflosen Fanatiker. Die Wirkung entspricht dem der schlimmsten Rauschgifte. Ist er einmal danach süchtig, haben Sie kaum noch eine Chance.

Das müssen Sie unbedingt schaffen, dass er das Wort „Fußball" in Ihrem Beisein nur in äußerster Not und auf direkte Provokation hin, also unter Lebensgefahr, zu verwenden wagt. Wenn Ihnen das nicht gelingt, wird dieser Begriff Ihr Leben auf eine Art ändern, dass Ihnen am Ende nur noch ein Mord helfen kann, der Sie zur Witwe macht. *(Treffen Sie die erforderlichen Vorbereitungen, wie beispielsweise Hochzeit, Ehevertrag, Testament usw., deshalb besser rechtzeitig damit sie dann mit der Erbschaft keinen Ärger kriegen.)*

Die Beschaffung eines Zweitfernsehers, Einrichtung eines Fußballzimmers und die Bereitstellung alkoholischer Getränke bringt im Zusammenhang mit Fußball nichts als zusätzlichen Ärger. Nehmen Sie in Verbindung mit Ihrem Mann unbedingt Abstand von solchen zusätzlichen Investitionen.

Denken Sie daran, dass es im Fußball außer den Welt- und Europameisterschaften noch den Europacup der Pokalsieger, die Champions-League und dazu die Qualifikationsspiele gibt, weiterhin auch noch die jährlich anfallenden Aufstiegsspiele der verschieden sortierten Mannschaften von der Kreisklasse bis zur Bundesliga.

Der Club, auf den Ihrer schwört hat schließlich noch jede Menge organisierte Möglichkeiten auf Lager, um die Sympathisanten an sich zu binden. Wenn er dann auch noch aktiv sein will, ob nun als Spieler in der Altherrenriege, als Jugend-trainer, evtl. als Platzwart oder Schriftführer, vielleicht auch als Linienrichter, selbst nur als zahlendes Mitglied oder als Fan, es wird Ihnen über dem Kopf zusammenschlagen. Am Ende wird Ihnen nur noch übrig bleiben, selbst in der Frau-enmannschaft seines Clubs mitzuspielen. Da lernen Sie, was ein Foul ist. Das wenden Sie dann zu Hause in Notwehr an. Machen Sie aber, wenn es wirklich nicht anders geht, lieber die Schiedsrichterprüfung. Da können Sie ihm dann auch öffentlich mal die Arschkarte zeigen.

Dass neuerdings auch der Frauenfußball so stark aufge-wertet wird, und man den sogar schon im Fernsehen über-trägt sollte Sie nicht in der Überzeugung irre werden lassen, dass Fußball für ihn kein geeignetes Interessengebiet sein sollte. Als es noch üblich war, Schlammringkämpfe von Frauen als Attraktion in das Programm bestimmter Nacht-klubs zu integrieren, hat man gesehen, was die zuschauenden Männer begeistert hat. Das war keinesfalls nur die sportliche Leistung der Damen. Also, Vorsicht, gerade beim Frauen-fußball.

Fernsehen / Fernsehprogramm

Ob Sie das brauchen müssen Sie selbst austesten. Versuchen Sie einfach, nachdem Sie zum Feierabend gemeinsam vor dem Gerät Platz genommen haben, den Fernsehapparat auszuschalten, oder besser, Sie ziehen einfach einmal den Stecker heraus und trennen dann das Elektrokabel mit einem Teppichmesser direkt am Apparat mit einem Schnitt ab. Dann werden Sie sehen, welche Bedeutung das Fernsehen für Sie und für ihn hat.

Falls Sie einen Fernseher besitzen und der auch benutzt wird, dann sorgen Sie dafür, dass der Mann in Ihrem Beisein niemals die Fernbedienung in die Hände bekommt. Das soll jetzt nicht heißen, dass Fernsehen unnütz wäre und für ihn schädlich. Fernsehen bildet. Man muss es ihm nur deutlich machen, sonst merkt er es nicht. Im Fernseher bringen nämlich die Männer den Müll raus und sind immer wie wild hinter den Frauen her. Sie kochen die Tütensuppe und neuerdings auch noch bessere Sachen. Frauen, die kochen, gibt es im Fernsehen so wenige, dass man sie sogar namentlich kennt. Männer die im Fernsehen kochen gibt es zu Millionen. Diese Vorbildwirkung des Fernsehens müssen Sie ihm begreiflich machen. Da können Sie nie genug Aufklärungsarbeit leisten.

Vergessen Sie auch nicht, ihn die Serien mit ansehen zu lassen, die Sie sich immer zu Gemüte führen. Er wird da behaupten, dass er mit diesem angeblichen Liebesschnulli der Seifenopern nichts anzufangen weiß. Da lügt er. Er will nämlich gar nicht sehen, was da eigentlich gezeigt wird, und zwar, dass Männer Schweine sind. Keine halbe Stunde vergeht da, und schon geht dieser Fiesling von Hauptdarsteller schon wieder fremd.

Bei Gerichtsshows ist das besonders deutlich herausgearbeitet. In einer Stunde haben Sie da mindestens eine Vergewaltigung, einmal Inzest und sexuelle Nötigung, die mit abgehandelten Tatbestände der Unterschlagung, Erpressung, tätlicher Übergriff, Raub und Mordversuch bis zum Totschlag noch gar nicht eingerechnet.

Bringen Sie ihm bei: Was der Fiesling da im Fernseher den unschuldigen Frauen antut, das könnte der Ihre auch Ihnen antun. Sagen Sie ihm das, dass Sie ihm das durchaus zutrauen. Er hat es bestimmt nötig, bei Ihnen Abbitte zu tun. Und wenn er wirklich unschuldig ist, dann schadet ihm so eine Abreibung Ihrerseits auch nichts. Vorbeugen ist schließlich immer noch besser als heilen. Wer sagt Ihnen denn, dass er vielleicht nicht doch eventuell schon solche Gedanken gehabt hat.

Erklären Sie ihm auch, was im Fernsehen läuft und wie er das zu sehen hat. Lassen Sie ihn nicht selbst denken beim Fernsehen. Erklären Sie es ihm und zwar gleich, noch während das Programm läuft.

Sprechen Sie einfach Ihren Text über den aus dem Fernseher. Wenn der nämlich erst mitkriegt, dass es auch im wirklichen Leben eventuell Weiber gibt, die sich da vielleicht mit ihm so wie diese sich als Schauspielerinnen ausgebenden Huren im Fernseher einlassen könnten ... Wehren Sie dem Keim!

Auch Krimis, falls es sich nicht um Wiederholungen aus der Zeit vor der Jahrtausendwende handelt, sind nicht mehr empfehlenswert für den Mann. Anfangs lief das bei den Krimis, nachdem man die alten Kriminalkommissare langsam aus den Drehbüchern herausgeschrieben hatte, mit den ganzen neuen Kriminalkommissarinnen aus der Riege der älteren Damen so ab 50 ganz gut, und auch die Brutalität hatte ziemlich abgenommen. Es flogen auch nicht mehr so viele brennende Autos durch die Luft.

Weil aber viele neue, vor allem junge und hübsche Schauspielerinnen nachdrängen und zwangsläufig nicht nur über die Krimi-Opferrolle als nackte Leiche in ihre Fernsehkarriere hineinwollen, und man mit knapp zwanzig Jahren zwar eine professionelle Staatsanwältin oder gewiefte erfahrene Anwältin spielen kann, aber allein aus Altersgründen noch nicht darf, weil die Ausbildung in diesen Berufen so lange dauert, bleibt ihnen nur noch das Täterfach.

Neuerdings ist die noch repräsentable Frau im Krimi nicht nur die bedauernswerte Leiche, sondern auch intrigante Giftmörderin, tückische Messerstecherin und schießwütige Kriminelle.

Das nagt natürlich am Frauenbild des Mannes, wenn dann dieses blutarme, herrschsüchtige, verdorbene, arbeitsscheue, kriminelle, vielleicht sogar drogensüchtige und hartnäckigst verlogene Mensch nach all den Schandtaten, die es verzapft hat, und vielleicht noch stolz auf alle selbstfabrizierten Leichen, bockig im Vernehmungszimmer sitzt und sich da bis zuletzt uneinsichtig und unflätig benimmt, sogar auch nach der Verurteilung noch dem Gericht den Stinkefinger zeigt und auch nach einer entsprechenden Abreibung, trotz Beulen und blauer Flecken hartnäckig verstockt bleibt.

Sehr wichtig beim Fernsehen sind die sogenannten Werbeblöcke. Was man Ihnen da erklärt, das ist für Sie ein unbedingtes Muss. Zwar hat das öffentlich-rechtliche Fernsehen sich lange gesträubt, diese Form des Programmes mit zu übernehmen, aber wie das so ist, alle guten Sachen setzen sich am Ende durch. Lassen Sie sich das also nicht vermiesen. Das ist oft besser als das eigentliche Programm. Auch wenn das lange dauert, auch er wird das irgendwann kapieren. Kommt Zeit, kommt Rat. Sie schaffen das schon.

Geld

Das ist ein ganz heikles Thema. Wenn Sie sich etwas Besseres als nur Geld wünschen sollten, dann wünschen Sie sich: *Mehr Geld* oder *viel Geld*. Eins werden Sie aber niemals besitzen: *Genug Geld.*

Das ist nämlich mehr, als die menschliche Vorstellungskraft erfassen kann. Das kann selbst er Ihnen nicht verschaffen.

Erwartungen haben dürfen Sie unermessliche, aber passen Sie die um Himmelswillen möglichst schnell den vorfindlichen Realitäten an, falls Sie nicht imstande sind, diese Realitäten Ihren Erfordernissen oder Wünschen anzupassen.

Hier ist einer der wichtigsten Ansätze für die Notwendigkeit, dass sich Frau einen Mann zulegt. Es geht nicht darum, dass zu zweit die Grundaufwendungen infolge Splitting für den Einzelnen geringer werden *(Beispiel: halbe Miete, halbe Heizung und so)*, sondern dass Sie als Frau dadurch die Verfügung über eine größere Manövriermasse erhalten und so jemand dafür sorgt, dass kein Geld für irgendwelche unvernünftigen Zwecke und Dinge rausgeht, die nicht notwendig bedient werden müssen oder deren Anschaffung erforderlich wäre.

Geld, das ist das, was alle haben wollen, aber niemand hergeben will. Alle Menschen um Sie herum sind außerdem immer auf eine bestimmte Sorte Geld aus, um es an sich zu bringen. Die Menge ist ihnen dabei noch nicht einmal so wichtig, sondern nur, dass sie es kriegen: „Ihr Geld."

Geld macht nicht glücklich, aber es beruhigt angeblich das Gemüt, sofern man es besitzt. Reiche Leute sind zwar oft geizig, aber selten terroristisch veranlagt. Über Geld konnte man sich lange im Fernsehen, beispielsweise bei der ARD und zwar bei der Sendung „Ratgeber Geld" kundig zu machen:

Da konnten Sie beispielsweise erfahren, wie Sie es als minderjährig verwitwete Singlefrau mit drei zum Teil noch in der Ausbildung befindlichen Kindern zusätzliche Steuervorteile zwischen fünf und zehn D-Mark pro Jahr zusätzlich verschaffen, falls Sie als geringfügig beschäftigte Hilfskraft unter bestimmten Voraussetzungen bei mehreren Firmen beispielsweise unter Tage gleichzeitig in drei Schichten arbeiten, allerdings nur bei einem angenommenem Jahreseinkommen über 96.000 Mark, diese Regelung in ihrem Bundesland schon Gesetzeskraft hatte, und der Bundestag nicht gerade dabei war, dieses Steuerschlupfloch eventuell rückwirkend zu korrigieren.

Dieser Ratgeber wurde seit fast sechzig Jahren ohne jede Beanstandungen und anscheinend auch mit Erfolg von demselben Moderator rüber gereicht, kommt aber jetzt nicht mehr, weil die D-Mark abgeschafft wurde. Die im Fernseher müssen es wissen, wie das mit dem Geld geht, weil die andernfalls schon lange pleite wären. Haben Sie Vertrauen.

Achten Sie beim Mann also genau darauf, dass er das Wichtigste im Auge behält. Das Geld, und zwar das, was er Ihnen widmen darf. Machen Sie ihm das klar und seien Sie dabei nicht aus falscher Scham zu schüchtern. „... *Was soll denn das jetzt heißen: Du verdienst keine fünftausend Euro netto im Monat ... Die brauche ich aber ...*"

Diese Art Sätze müssen Sie fließend beherrschen, auch wenn man Sie nachts plötzlich aus dem Schlaf reißt und Sie noch nicht einmal gleich wissen, wo Sie sich befinden.

Sparen (Methodischer Ansatz)

Sparen, das ist die gezielte Verlagerung von Geldausgaben in die Zukunft, sofern man überhaupt welches besitzt.

Die Banken behaupten zwar, dass Sparen eine Form der Geldvermehrung über die Zinsen ist, aber sehen Sie sich mal die Höhe dieser ständig und schon manchmal bis auf Null gefallenen Zinsen an, die Sie da kriegen. Das lohnt sich vielleicht für die Bank, aber doch nicht für Sie.

Dem Mann müssen Sie diesen Glauben aber unbedingt lassen. Der soll sein Geld ruhig auf der Bank aufbewahren und möglichst fest anlegen. Es geht dabei nicht darum, dass es Zinsen abwirft, sondern dass er nicht darüber verfügen kann.

Der Mann redet ganz gerne von seinen großen Wünschen, aber er spart nicht gezielt darauf hin, und er vergisst auch immer, für diese Wünsche Geld anzusparen. Wenn er das aber doch tut, dann bestimmt für das falsche Ziel. Das müssen Sie ändern. Lassen Sie sich deshalb von ihm erzählen, welches sein größter Anschaffungswunsch ist und beschließen Sie mit ihm, dafür nun regelmäßig zu sparen. Sie sichern so ab, dass nicht so viele unnütze Kleinausgaben das ganze Geld auffressen, und er freut sich über seine so verständnisvolle und vor allem sparsame Frau.

Er wird da meist ein sehr teures Auto mit allem Schnickschnack oder vielleicht auch eine kleine Yacht oder Ähnliches im Auge haben, je größer, um so besser, während Sie damit absolut nichts am Hut haben und eigentlich nur an den Eigenkapitalanteil für den Kredit denken, den Sie für den Kauf oder den Bau eines Hauses brauchen, ganz gleich, mit wem Sie dann anschließend darin wohnen werden. Mit der Zeit kommt da bei der Sparerei ein hübsches Sümmchen zusammen. Schreiten Sie nun ein und leiten Sie das mit dem Haus in die Wege. Er wird nicht begeistert sein, aber am Ende wird er das schlucken.

Dieses Rezept ist seit Generationen bewährt. Frauen beherrschen das. Sie auch. Man nennt das *„Lebertransparen"*. Damit hat man auch Ihren großgezogen. Das ging so:

Seine Mutter verabreichte ihm als Kind täglich einen Löffel Lebertran. Weil der scheußlich schmeckt, gab es als Belohnung pro geschluckten Löffel immer zehn Pfennige in sein obligatorisches Sparschwein. Mit der wachsenden Füllung des Sparschweines wuchsen dann seine Wünsche, was er sich für dieses gesparte Geld kaufen würde. Das erleichterte ihm das Lebertranschlucken ungemein.

War der Lebertran alle, dann war das Sparschwein voll. Mama zerschlug nun das Sparschwein und von dem Geld wurde die nächste Flasche Lebertran gekauft ... Vielleicht auch noch ein kleines Spielzeug für ihn zur Beruhigung.

Solche Sachen müssen sein. Das nennt man zielgerichtete und konsequente Erziehung. Er wäre ohne diesen Lebertran nie und nimmer ein so schönes, großes und kräftiges Exemplar von Mann geworden, und der kann aufgrund dieser über den guten Lebertran erworbenen Robustheit auch schon mal eine kleine Enttäuschung ertragen, ohne gleich auszuflippen.

Fehler und Reue

Ich habe einmal gelesen, dass eine Frau folgende schwere Fehler in einer Beziehung nicht begehen dürfe, weil der Mann das angeblich nicht verkraftet.

Da wurde zuerst das Fremdgehen erwähnt, dann die Angewohnheit ihn vor anderen runter zu machen, ihn womöglich zu selten an sich ran zu lassen, alles besser wissen zu wollen als er und ihm so die Achtung zu entziehen; die Angewohnheit, sein Geld zu verballern, zu klammern oder schlimmer noch, sich gehen zu lassen und auch sonst alles abzuwerten wofür er sich interessiert. Das ist alles Blödsinn.

Reden Sie ihm das unbedingt aus. Tun Sie das alles, aber so, dass er es nicht merkt, und wenn er es merkt, streiten Sie es ab. Wenn er das alles nicht aushalten kann, wozu brauchen Sie ihn denn dann noch. Schießen Sie ihn in den Wind. Da taugt er nichts. Wenn er Sie wirklich liebt, dann verzeiht er Ihnen das alles, ohne mit der Wimper zu zucken. Merken Sie sich eins:

> *Wenn ein Mann Sie wirklich liebt, dann liebt er Sie*
> *um Ihrer selbst willen und dann ist für ihn*
> *alles wunderbar, was Sie tun, egal was es ist.*

Das hat mal ein weltbekannter Multimillionär öffentlich in einem Interview verlauten lassen, als das Gerücht aufkam, seine Frau betrüge ihn. Sie hat sich anschließend trotzdem von ihm sehr lukrativ scheiden lassen und er hat es tatsächlich überlebt. Eine Frau macht keine Fehler. Sie werden das mit zunehmendem Alter selbst feststellen können.

Das, was man Ihnen nämlich von anderer Seite manchmal als die schlimmsten Fehler anrechnen will, sind am Ende oft Ihre schönsten Erinnerungen.

Das Schönste im Leben ist allerdings die Reue. Versagen Sie sich nichts. Bereuen Sie anschließend und hinterher für sich aus freiem Willen alles und auch aus tiefstem Herzen.

Werfen Sie sich ab und zu einfach lustvoll in diese Reue hinein. Das können Sie sehr tränenreich und auch alkohollastig für sich abwickeln. Es muss ja niemand erfahren. Damit vergeben Sie sich vor sich selbst nichts. Nur so bleiben Sie ein anständiger Mensch und als Nebeneffekt sichern Sie so ab, dass Sie im Leben auch nichts verpassen. Sie würden es sonst bestimmt bereuen ...

Das Auto

In diesem Ratgeber gab es schon eine Rubrik über den Straßenverkehr und auch über die Rolle des Autos. Das Auto selbst, muss aber auch einmal unabhängig vom Straßenverkehr betrachtet werden. Es ist so in unsere Gesellschaft integriert, dass es den Menschen teilweise schon verdeckt.

Sie haben heutzutage meist ein Haus mit Garage, oder einen Wohnblock mit Tiefgarage. Mehr als die ein- und ausfahrenden Autos sehen Sie da selten. Der Mensch benutzt, wenn es ihm möglich ist, das Auto meist als an- oder abkoppelbare bewegliche Verlängerung seiner Wohnung. Ob Sommer oder Winter ist, erfährt er noch aus den Medien. Das Auto macht es möglich, die Jahreszeiten zu ignorieren. Ganz allgemein gesehen ist es wichtig, ein Auto zu besitzen, ob nun auf Raten, geleast oder richtig, ist meist egal. Solange Sie als Fußgänger noch nicht auf der Straße von der Polizei laufend kontrolliert werden, ob Sie keine Landstreicherei betreiben, solange kommen Sie ab und zu noch ohne aus, aber als Frau wissen Sie, dass modisches Schuhwerk sowieso nicht für längere Strecken zum Laufen taugt, Sie also ein Auto haben müssen, und wenn es geht, ein eigenes.

Alles was am Mann schöner ist als beim Affen, ist bekanntlich Luxus. Nun will der Mann trotz alledem etwas darstellen. Da bleibt ihm nur das Zubehör, vor allem das mobile, und damit sind wir beim Auto. Beim Auto, da versteht er keinen Spaß. Ein richtiger Kerl muss nach seiner Ansicht auch ein richtiges Auto haben, auch wenn er damit wiederum nichts Richtiges anzufangen weiß. Es zu warten und zu pflegen, nur um sich dann auf der Straße der Gefahr des Gerammtwerdens durch andere Autos auszusetzen, das ist doch kein vernünftiger Grund für eine solche Anschaffung. Um zu rasen und sich totzufahren, dafür reicht auch weniger Auto. Aber auch bei der Trennung wird der Mann seltsamerweise nach dem Auto greifen, weil er das Haus kaum kriegen kann, weil Sie es für sich wollen.

Das ist verhaltensbedingt beim Mann sehr tief angelegt, das mit dem Auto. In einem Alter, an dem noch kein Mädchen irgendwelche geschlechtsspezifischen Interessen an ihm gezeigt hätte, träumte der schon von Frauen. Das Fernsehen und das Kino prägten ihn. Da fahren die scharfen Macker immer diese Superschlitten aus der neuesten Modellserie der Automobilindustrie. Kein Wunder, dass der unbedingt auch so einen fahrbaren Untersatz haben will, um damit anschließend entsprechend stramme Weiber aufzureißen. Das ist der Traum. Das Auto wertet in seiner Vorstellung sein Ego auf. Das Auto wird aus diesem Grund auch als Egoprothese bezeichnet.

Weil das mit dem Traum selten klappt, die entsprechende Einbildung aber ein Ventil benötigt, entsteht beim Mann die sogenannte *„Blexualität"*. Es ist als Entartung des erotischen Moments beim Mann anzusehen, wenn sich das mit dem Sex auf das Karosserieblech, zumindest den Lack seines Autos umzupolen beginnt. Beobachten Sie ihn einmal, wie liebevoll und mit welchem Aufwand an Pflegemitteln er seine Rostlaube verwöhnt. Das geht alles Ihnen ab.

Sie können mit ihrem Partner oder Mann anstellen was Sie wollen, er wird es ertragen. Wie Sie allerdings mit seinem Auto umgehen, daran werden Sie von ihm gemessen. Tun Sie seinem Auto zu ihrer eigenen Sicherheit nichts an! Er wird vielleicht ein psychotisches Verhältnis zu seinem Auto haben, aber betrügen wird er Sie damit nicht. *(Sorgen Sie aber dafür, dass er Sie nicht in diesem Auto, oder mittels dieses Autos mit anderen betrügt.)*

Wenn es um den Autokauf geht, werden alle Ihre gesprächsweisen Klärungsversuche von ihm abprallen. Das einzige, was Sie erreichen werden, ist die Tatsache, dass er nicht nur *„Auto"*, sondern *„mehr Auto"* will, was dann am Ende zu *„noch mehr Auto"* werden kann. Das Selbstbewusstsein des Mannes ist zahlenmäßig genau zu ermitteln. Es entspricht immer dem aktuellen Wert seines fahrbaren Untersatzes. Jedes gekaufte Auto verwandelt sich allerdings in dem Moment, in dem den Kaufvertrag unterschrieben ist, und man im Besitz dieses fahrbaren Untersatzes damit den Autosalon verlässt, automatisch in einen Gebrauchtwagen. Da der Preisverfall von Gebrauchtautos sehr schnell erfolgt und außerdem sehr hoch ist, muss deshalb leider immer wieder mal ein neues Auto her.

Dabei ist immer von Vorteil, wenn das in Zahlung gegebene bisherige Vorgängerauto noch nicht so abgenutzt ist. Es soll Leute geben, die misshandeln ihre Kinder, falls sie schlechte Zensuren mit nach Hause bringen. Was allerdings eine Frau zu erwarten hat, wenn sie das Auto ihres Mannes beschädigt, sollten Sie niemals zu testen versuchen. Sie werden wünschen, niemals geboren zu sein. Vor dem ersten der zehn Gebote steht schließlich das Gebot: *„Du sollst nicht selbst mit dem Auto deines Mannes fahren wollen."*

Bestehen Sie deshalb ultimativ immer auf einem schicken sogenannten Zweitwagen für sich, den er für Sie technisch betreut und fahrbereit hält. Ihre Mobilität muss auf alle Fälle sichergestellt sein. Und Irgendjemand muss doch ab und zu einkaufen gehen. Zumindest diesen Grund wird er einsehen müssen. Die Zeiten, in denen sich sogenannte Hausfrauen zu Fuß oder per Fahrrad vor dem Supermarkt trafen, um davon zu schwärmen, welcher ihrer Männer das größere Auto fährt, sind doch vorbei.

Welchen Wagentyp Sie bevorzugen, ist Ihre Sache. Je nach Temperament ist das ein Sportflitzer oder auch einer dieser neuen sehr hochbeinigen und geräumigen allradgetriebenen bulligen Geländewagen, mit denen man heutzutage seine Kinder zum Ballettunterricht oder zur Klavierstunde bringt.

Diese „SUV" (Essjuwieh) sind inzwischen so gefragt, dass keine Autofirma mehr auf dieses Modellangebot verzichten kann. Da man aber als Fahrer in diesen Kisten nie genau weiß, wo man sich gerade auf der plötzlich dadurch sehr schmal gewordenen Straße befindet, und man auch mehr Mut braucht, um in engen Innenstädten einzuparken, werden diese SUV neuerdings auch gern im „Suff" gefahren. Lassen Sie das. Auch wenn es eine als Frauenauto verschriene Art der luxuriösen Limousine, bzw. ein Coupé sein sollte, was Sie bekommen, es ist schließlich dann Ihres und über Geschmack kann man bekanntlich nicht streiten. Wichtig ist nur, dass es nicht billig war.

Auch das von früher mit dem Kombi, der Familienkutsche, die man gemeinsam benutzte und damit auch die größeren Einkäufe erledigte, das hat sich überholt. Die moderne Frau fährt zwar auch ab und zu Einkaufen, aber alles, was ihr den Innenraum des Autos verschmutzen könnte, zu schwer ist oder zu sperrig, das überlässt sie vernünftigerweise dem Lieferservice. Damit schleppt sie sich doch nicht selbst ab. Je mehr man dem Auto nämlich zulädt, umso schwerer wird es schließlich und das frisst zusätzlich Benzin. Bei den heutigen Benzin- und Dieselpreisen ein wahrer Genickbrecher.

Der Mann und seine Sachen

So sehr der Mann auch als Jäger verschrien ist, bei seinen Sachen ist er ein echter Sammler. Alles was ihm zuläuft, irgendwo übrig ist, oder noch zu etwas zu gebrauchen sein könnte, er hebt es auf.

Das ist mit allem so, was ihm begegnet. Er wirft nichts weg. Das geht los bei seinen Klamotten, über das Werkzeug, Baumaterial, Bierkrüge, Flaschenetiketten, Briefmarken bis zum ausrangierten Spielzeug aus seiner Kinderzeit. Falls Sie jetzt denken, dass es sich dabei um einen Drang zur Besitzvermehrung handelt, dann haben Sie sich geirrt, denn dieser Krempel ist meistens nichts wert. Sie werden auch bemerken, dass er sich eigentlich gar nicht darum kümmert, was er da gesammelt hat. Er sitzt vielmehr oft inmitten dieses Mülls und sinnt nur so vor sich hin. Das kommt, weil alle diese Dinge Aufhänger für seine Erinnerung sind. Er würde sonst sein Leben vergessen.

Greifen Sie sich irgendetwas davon und fragen Sie ihn, wozu er es noch braucht, dann bekommen Sie nämlich oft keine Antwort. So häuft er vor Ihnen seine heimlichen Erinnerungen auf, ohne dass Sie darauf Zugriff haben! *(Da ist*

auch eine Menge darunter, wovon Sie ihm absolut nicht erlauben wür-
den, sich daran zu erinnern!) Der leider unbedingt erforderliche
Angriff auf diese Burg der Erinnerung ist eine der wichtigsten Sachen, die Sie erfolgreich für sich entscheiden müssen,
sofern es sich nicht um solche handelt, die Sie betreffen und
Ihnen nützlich sind.

Räumen Sie deshalb seine Sachen so oft es geht auf, sor-
tieren Sie aus, was Ihnen überflüssig erscheint und stellen Sie
es beiseite, zumindest außerhalb seiner Sicht. Mit dem Wegwerfen sollten Sie aber erst beginnen, wenn er sich gegen die
Neuordnung, das Aussortieren und Wegpacken nicht mehr
wehrt, auch nicht mehr nach diesen Sachen gezielt sucht
oder danach zu fragen aufhört. Dass irgendetwas ver-
schwunden wäre, was vorher noch da gewesen sein soll,
dieses Gefühl werden Sie bei ihm allerdings nie ganz löschen
können.

Kinder

Das Leben an sich ist schon allein sehr kompliziert. Das
Leben zu zweit ist komplizierter. Kommen noch mehr Personen in Ihrem Leben vor, dann wird die Kompliziertheit
unüberschaubar. Sollten diese Personen auch noch eigene
Kinder sein, müssen Sie wirklich mit Allem rechnen.

Bereits in der Raumfahrt ist die Schwerkraftbeziehung
zwischen mehr als zwei beteiligten und dabei noch passiv
agierenden Massekomponenten mathematisch nicht mehr
allgemein lösbar. Es geht da um das „Mehr-als-zwei-Körper-
Problem". Alle Berechnungen sind da nur noch im gegebe-
nen konkreten Fall lösbar. Bei der geringsten Abweichung
ergibt sich eine völlig neue Situation, für die wieder neue
Bedingungen gelten.

Falls Sie also in eine Zweierbeziehung eine dritte Person in Form eines Kindes einbringen, dann begeben Sie sich auf unberechenbares Gebiet, auf dem Ihnen niemand mehr raten kann, aber jeder glaubt, Ihnen raten zu müssen. Bedenken Sie auch: Den Mann können Sie jederzeit in den Wind schießen, falls Sie das bei den Kindern versuchen sollten, dann kommen Sie mit irgendwelchen Ämtern in Konflikt. Von Kindern kann man sich nur in Ausnahmefällen gerichtlich scheiden lassen.

Den Mann haben Sie sich selbst ausgesucht, obwohl er das umgekehrt denkt und glaubt, Sie für sich ausgesucht zu haben. Dieser Bund basiert auf Liebe, Zuneigung und Verständnis, auf gegenseitiger Unterstützung und Vertrauen. Kinder sind dagegen generell undankbar. Die werden Ihnen sagen, dass sie sich durchaus nicht gewünscht hätten, von Ihnen geboren und anschließend von Ihnen erzogen zu werden. Man hätte sie auch nicht gefragt, ob sie überhaupt zur Welt kommen wollten.

Die wissen, sie sind zwar mit Ihnen verwandt, aber nicht verpflichtet, Sie deshalb zu lieben.

Die wissen aber auch beizeiten: Denen gegenüber haben Sie gesetzliche Verpflichtungen. Und schon liegen Sie an der Kette ... *(Dass Ihnen das als Frau passieren kann, ist eine Unverschämtheit, aber daran sieht man wieder einmal, wie stark die Frau durch die restriktive Gesetzgebung unserer patriarchalischen Gesellschaft unterdrückt wird.)*

Kinder verlangen automatisch und ohne es zu wissen, oder das ausdrücklich zu beabsichtigen, dass man Vorbild ist. Sie machen nämlich alles nach. Mädchen das, was Sie machen und Jungen das, was er macht. Das ist dann, wenn Sie es nicht vermuten, für Sie oft ein Blick in den Spiegel.

Mit welchen Ausdrücken, Argumenten und in welchem Tonfall beispielsweise Ihre süße kleine Püppi, das Nesthäkchen der Familie da gerade ihren großen Bruder runterputzt, das müssen auch Sie aushalten können, sonst putzt die Sie auch gleich so mit runter.

Eins muss man allerdings bewiesenermaßen sagen: Jungen erziehen sich leichter als Mädchen. Da können Sie unbesehen auf diesen Ratgeber zurückgreifen. Je eher Jungen an die Kandare genommen werden, umso folgsamer sind die später. *(Die künftige Schwiegertochter wird es Ihnen hoffentlich zu danken wissen.)*

Beim Kind besteht zurzeit leider nur die Fifty-fifty-Chance, dass es ein Junge wird. Sie müssen aber nehmen was Sie am Ende geboren haben. Vergessen Sie also nicht, dass Sie sich mit einem Mädchen nur eine harte Konkurrenz ins Haus holen. Wollen Sie das?

Kinder sind anfangs sehr leicht zu kontrollieren, solange nur Sie die Bezugsperson sind und unterbinden, dass der Mann sie hinter Ihrem Rücken verwöhnt. Aber Kinder kommen nach ein paar Jahren in die Schule. Da müssen Sie nicht nur darauf vorbereitet sein, dass Sie bei den Hausaufgaben helfen müssen, sondern bei Mädchen auch noch die Erziehung mit am Halse haben. Beispiel:

Ihre Chantal-Charlene will ihren Kindergeburtstag an der Untergrenze, also noch vor Erreichung ihrer Pubertät mit den Mädchen der Nachbarschaft und einigen Schulfreundinnen ausrichten. Da ist es wichtig, alles richtig vorzubereiten. Welcher Kuchen muss gebacken werden und wie viel. Das wird Ihr Mann dann so machen, dass er drei Kuchenstücke pro Person rechnet und die mit der Anzahl der Gäste multipliziert. Wenn aus einem Kuchen acht Stücke geschnitten werden, dann teilt er die Kuchenstücke durch diese Acht und behauptet dann, dass er die zu backende Kuchenzahl hat. So hat er das in der Schule gelernt, nennt das angewandte Mathematik und ist womöglich noch stolz darauf.

So geht das bei Mädchen nicht. Das Kind muss zuallererst lernen, Prioritäten zu setzen. Da wird erst einmal ausgesiebt und ergänzt, wer überhaupt eingeladen wird.

Da könnte schließlich jede kommen wollen. Das müssen Sie mit ihrem Kind so besprechen, dass es das auch begreift. Nicht jede kommt mit jeder zurecht und man kann nicht alle mit allen zusammenbringen.

Da spielt der soziale Status mit. Da können Sie viel falsch machen, wenn Sie das vernachlässigen. Da haben Sie schon mal einen ganz anderen Basisansatz. Dazu kommt jetzt, dass man den besten Freundinnen größere Kuchenstücke vom besseren Kuchen zuschanzen muss.

Man muss notwendigerweise aber auch solche einladen, die keiner mag, was andernfalls viel Schaden anrichten kann, weil dann deren Eltern nicht mehr so nett zu Ihnen sind, Sie diese Beziehungen aber schon aus verschiedensten Gründen auch später für Ihr Töchterchen unbedingt einmal brauchen.

Da ist schon mal das Maß ein anderes und man muss auch unterschiedliche Kuchensorten backen. Dazu gehört auch, dass üblicherweise etwas übrig bleiben muss, weil es sonst so aussieht, als wären die Gäste nicht satt geworden.

Und nicht zuletzt: Man muss auch noch einen repräsentativen Querschnitt des Angebotes zur Seite legen, weil den die Lehrerin am nächsten Tag überreicht bekommen muss.

Was Ihr Mann da vorher ausgerechnet hat, das ist dann bestimmt undiskutabel. Das kann er bei einem Kindergeburtstag für Jungen machen:

Einen Kasten Cola, für jeden eine Semmel, dazu die Bratwurst und außer Senf vielleicht noch ein paar Tuben verschiedener Barbecue-Soßen, meinetwegen auch Majo, und dann schmeißt er den Grill an

...

Das war nur das eine Beispiel mit dem Kuchen zum Kindergeburtstag. Was dann später los ist, daran erinnern Sie sich hoffentlich noch aus Ihrer Zeit dieses so schneckenhaft schleichenden langsamen Erwachsenwerdens, in der die Mütter so schrecklich spießig und borniert sind. Die Erziehung hat aber noch unzählige zusätzliche Facetten, aber das kennen Sie doch alles noch selbst aus Ihrer eigenen Kindheit. Falls Sie das nicht mehr vollständig erinnern, dann hier noch ein paar Gedankenaufhänger:

Für ein Mädchen ist es unbedingt notwendig, dass das mit der Erziehung auch klappt. Es braucht also Ballett-, Tennis-, Musikunterricht *(egal, ob nun Gesang, Flöten-, Klavier-, Geigen- oder Gitarrenunterricht),* eventuell zusätzliche Fremdsprachenunterweisung und etwas Praxis in bildender Kunst, dazu den Nachhilfeunterricht für die Schule, denn ohne Gymnasium läuft da nichts, schon wegen der Chancengleichheit gegenüber den Mitbewerberinnen im späteren Leben. Ab einem bestimmten Alter geht das mit dem Pferd los. Wo mietet man eins und zu welchen Bedingungen für den Reitunterricht. Wofür Sie da bezahlen müssen, ist kaum erklärbar. Schon das Zubehör frisst, wie schon erwähnt, ein Vermögen, und wenn Sie das mit dem Pferd schon alles in Lohnarbeit machen lassen, haben Sie noch den Reitunterricht. Denken Sie auch an den mit dieser Erziehung verbundenen Bringe- und Holedienst, den Sie da generell und zusätzlich absichern müssen, per Auto und über Jahre hinweg. Dazu kommt noch die heutige Angewohnheit, möglichst nur Designerbekleidung zu tragen. Das prüfen Kinder genauestens. Denen drehen Sie keine Imitate an. Und dann wachsen Ihnen die Kinder aus diesen Klamotten schneller raus, als gedacht.

Wann das mit dem Friseur und der Kosmetik losgeht, wissen Sie selbst. Party, Diskobesuch, Ferienreisen. Das geht dann weiter mit Handy, Computer, Internet, CDs, Spielkonsolen und sonstigem elektronischem i-Mist.

Ich wollte es hier nur erwähnend andeuten, vervollständigen müssen Sie es sich selbst. Falls Sie das einem Mädchen nicht bieten können, dann entsteht natürlich Frust. Kein Wunder, dass Mädchen in der Pubertät dann so schwierig sind. Schon vergessen, wie das bei Ihnen war?

Sie sehen, das mit der Selbstverwirklichung mit Mann kann zu ungeahnten Weiterungen für Sie führen, wenn es auf die Vermehrung hinausläuft. Auch wenn er kinderlieb sein sollte, sogar als Hausmann arbeiten will, er wird es nicht schaffen, weil er ein Mann ist. Am Ende wächst es ihm über den Kopf und dass Sie sich dann auch noch darum kümmern müssen, dass er nicht hinschmeißt, obwohl Sie ihm doch gesagt haben, wann und wie er das alles erledigen soll, das wäre dann wirklich zu viel von Ihnen verlangt. Überlegen Sie es sich also gut, das mit den Kindern. Das geht absolut von Ihrer Lebensqualität ab.

Viele Frauen sind da heutzutage schon sehr gestresst, weil sie den Medien und der Familienministerin geglaubt haben und sich außer dem Mann auch noch Kinder angeschafft haben. Viele davon werfen dann, wenn sie es plötzlich nicht mehr zu überschauen vermögen, den Mann raus. Aber das soll es dann angeblich auch nicht mehr bringen.

Weitere Hinweise:
Siehe die umfangreiche Ratgeberliteratur der vielen ratlosen
Autoren und Autorinnen zum Thema Kinder und Familie.
(In allen guten Buchhandlungen und im Internet erhältlich.)

Die Supernanny hat übrigens auch nicht immer für Sie und Ihre Probleme Zeit, und wenn Sie da nicht richtig aufpassen, dann sitzen Sie eventuell am Ende selbst auf der „Stillen Treppe", und wenn Sie erst einmal den Mann entsorgt haben und die straffällig gewordenen schwererziehbaren Kinder zur Auslands-Safari-Therapie im australischen Busch sind, dann sowieso.

Noch eine entscheidende Sache zur prinzipiellen Vermeidung der Kindproblematik, die Sie nicht zeitig genug beachten können: Als Frau können Sie, wenn Sie ausreichend selbstbewussten Willen aufbringen fast jede Sache, die Ihnen unbequem sein sollte, auch im Nachhinein noch ignorieren, auf andere abschieben, oder sich herausreden. Die derzeit von der Pharmaindustrie vertriebene Pille sollten Sie allerdings im Bedarfsfall ganz bestimmt regelmäßig und auch immer selbst einnehmen.

Daran werden wahrscheinlich auch Sie nicht vorbeikommen. Nur mal so vorübergehend ein bisschen schwanger sein, so zur Probe, oder als Druckmittel gegenüber dem Mann, das gibt es leider nicht.

Sollten Sie aber das mit den Kindern aus einem anderen, romantischeren Blickwinkel sehen, sich nach einem Kind sehnen, weil das natürlich ist, sich fortzupflanzen und die nächste Generation in die Welt zu setzen, damit auch die eine Chance bekommt, sich in Eigenregie ihres Lebens zu freuen, Kinder tatsächlich mit allem Drum und Dran lieben, und nicht nur so wie die Barbiepuppe, die man auch einmal zur Seite legen kann, wenn man gerade keine Lust hat, mit ihr zu spielen; falls Sie Ihre Kinder in ihrer Entwicklung liebevoll begleiten, ihnen auf diesem Weg Stütze sein wollen, bis die auf eigenen Beinen stehen, und nicht zielgerichtet auf späteren Dank für sich wirtschaften oder in ihnen für sich zusätzliche billige Arbeitskräfte sehen, die Ihnen bei Bedarf stets zu Diensten sein müssen, dann ist Ihnen sowieso nicht mehr zu helfen. Dann müssen Sie eben dieses erfüllte Leben mit Kindern in Angriff nehmen. Sie werden ja sehen, was Sie davon haben.

Notbremse

Im Falle Sie aus irgend einem Grund besonders aufgeregt, oder an einem toten Punkt angekommen sind und daran zweifeln, beim Mann Ihrer Wahl Ihre Erziehungsziele wirklich in absehbarer Zeit zu erreichen, hat sich nach Verlautbarung verschiedener Psychologenschulen die sogenannte Selbsthypnose zur Stärkung des weiblichen Selbstbewusstseins sehr bewährt.

Manche nennen das „Autogenes Training", „Transzendentale Meditation" oder auch „Konzentrative Entspannung", „ZEN", manche reden da auch vom „Tantra".

(Das können Sie alles tun, nur, wenn er Sie beim „Paar-Tantra" erwischt, werden Sie den Mann kaum oder nur sehr schwer davon überzeugen können, dass er das tolerieren muss.)

Es geht bei der Selbsthypnose immer darum, sich selbst zur Ruhe zu bringen, um wieder klar denken zu können, und sich dadurch wieder in den Griff zu kriegen. Dazu ist es erforderlich, allein zu sein und sich völlig ungestört in einer ruhigen Ecke niederzulassen. Haben Sie das gemacht? Nun kommt es darauf an, dass Sie sich mit ruhiger Stimme überzeugend gut zureden. Sind Sie bereit? Dann sprechen Sie mir jetzt laut und deutlich nach:

„Ich bin ganz ruhig. Es stört mich nichts. Alle meine Befürchtungen sind bedeutungslos. Mein Mann geht nicht fremd, mein Geliebter lässt sich für mich scheiden, die Rente ist sicher, ich habe im Lotto gewonnen, die Erde ist eine Scheibe, ich habe alles im Griff, die Miete ist bezahlt, die Raten für das Auto werden gestundet, die Bank hat den Überziehungskreditrahmen erweitert, wir machen eine Weltreise, der Job ist sicher, alles wird gut ... "

Diesen Text dürfen Sie beliebig in Ihrem Sinne erweitern, auch auf Band sprechen und sich selbst in einer Endlosschleife vorspielen. Es wird Sie beruhigen. Sätze, die allerdings so beginnen: *„Es stört mich, dass ...",* sollten Sie unbedingt vermeiden. Die machen Ihnen Stress, statt ihn abzubauen.

Falls das beim ersten Mal mit der Meditation nicht klappt, wiederholen Sie diese Prozedur. Irgendwann sind auch Sie davon überzeugt, was Sie sich da einreden. Beim Mann machen Sie das doch auch die ganze Zeit und am Ende hat er Ihnen doch bisher immer geglaubt.

Es wird von bestimmten Leuten, die einschlägige esoterische Fachgeschäfte betreiben, die Empfehlung gegeben, diese Meditationsübungen mit dem Abbrennen von Räucherstäbchen, Duftkerzen, der Einnahme exotischer Teesorten (Lotus) und entsprechender Umfeldgestaltung, Klangschalentönen und bestimmter Körperhaltungen beim Sitzen auf mit verschiedenen Kräutern, Körnern oder Gräsern gefüllten Meditationskissen oder Polstern auszuführen, die Sie vorher in der Mikrowelle aktivieren müssen.

Wenn Sie daran gewöhnt sind, diese Dinge als unbedingt zugehörig anzusehen, weil Sie entsprechende Kurse dazu besucht haben, dann tun Sie das. Sie werden aber schnell merken, dass Sie in diesen speziellen Momenten keinen Bock auf diesen Kram haben, dieses Zubehör eigentlich nur teuer, darüber hinaus sehr zeitaufwendig und umständlich in der Handhabung ist, und Ihnen gar nichts nützt.

Machen Sie diese Übungen zur Meditation lieber mit geschlossenen Augen und konzentrieren Sie sich statt auf das Ambiente des Umfeldes lieber ganz auf Ihr Glücksziel.

Falls Sie dabei zu der Überzeugung kommen, dass dieses Buch hier ihnen absolut nichts gibt, dann werfen Sie es auf den Grill und zünden es an. Soviel Wärmeeinheiten, um ein Steak zu grillen entwickelt es allemal, auch wenn Grillkohle vielleicht billiger sein sollte.

Kosmetika, Mode, Stil, Ausstattung

Seien Sie ehrlich, darüber wollen Sie doch gar nicht beraten werden. Da tobt sich ein Heer von Designern und Innenarchitekten, auch Esoterikern aus und beschert Ihnen täglich neue Schulen und Gesamtheitskonzepte für das, was niemand mehr wirklich überschauen kann.

Ob nun Ikebana oder Feng-Shui, ESP, ABS oder THC, auch Yoga, Mikado, Origami und Ayurveda, vielleicht auch Hunyuan-Qi-Gong, Progressive Relaxation, irgendein Xter-Jahrelook, eine Stilepoche, fernöstliche Harmonielehre oder Klangschalenmassage, was Sie wollen.

Die einen betrachten das jeweils als den letzten Schrei des *non plus Ultra*, andere tun das gleiche als altbacken und spießig ab.

Wichtig ist immer eine gute Gesprächstarnung geistiger Art, sobald Sie sich mit anderen über diese Dinge austauschen, oder eine gute exotische Verpackung dessen, womit Sie Eindruck schinden wollen.

Lernen Sie lässig über solche Dinge zu reden und viele eingängige Schlagworte zu verwenden, auch wenn Sie selbst nicht wissen, was die bedeuten. Setzen Sie auf diesen Gebieten eigene Maßstäbe. Etwas Konkretes darüber zu wissen ist nicht nötig. Die anderen machen es auch nicht anders.

Mode hat nichts mit Neuheit zu tun, sondern mit der Übereinkunft, Andere nicht lächerlich zu finden, die man zu seiner Unterstützung unbedingt benötigt. Der Konsens ist wichtig.

Da, wo man die neueste Mode nicht kennt, und auch niemand Maßgebliches Sie unterstützt, werden Sie mit dem „Dernier Cri" ausgelacht, ganz gleich, ob er aus Rom, Mailand, New York oder aus Paris stammt und welcher weltbekannte Designer dafür seinen Namen hergegeben hat.

Antiquitäten benötigen beispielsweise mindestens das entsprechende beglaubigte Zertifikat oder gutachterliche Nachweisschild, weil sie sonst als Sperrmüll angesehen werden; und wenn Sie an Ihrer Bekleidung nicht das aktuelle Etikett des internationalen Designers sichtbar tragen, wird man Ihnen nachreden, die Altkleidersammlung des DRK geplündert zu haben, ganz unabhängig davon, was das jeweilige Teil gerade gekostet hat.

Klappern gehört bekanntlich zum Handwerk. Dagegen können Sie nichts, aber auch gar nichts unternehmen. Sie erfahren es nämlich nicht, was man über Sie tuschelt.

Auch bei Kosmetika können Sie sehr danebenliegen. Auch wenn die neueste Serie der Feuchtigkeitscreme das Etikett *„Dermatologisch getestet"* trägt. Sie wissen nicht, mit welchem Ergebnis. Das steht auch auf Dosen für Cremes bei deren Testanwendung Laborratten gestorben sind.

Sollte sich um Sie herum infolge der Benutzung des neuesten Parfüms während einer Party ein leerer Raum bilden, dann wird der Hersteller bei der Antwort auf Ihre Schadenersatzforderungen zumindest darauf verweisen, dass dessen Duftnote sich nur in Verbindung mit dem Eigenflair der Trägerin zu einem Bukett entwickelt.

Da haben Sie immer das falsche Eigenflair, auch wenn dieses schandmäßig teure Mistzeug eigentlich kein Duft war, sondern diese Geruchszumutung schon direkt aus der Flasche kaum zu ertragen war.

Alles ist Geschäft und wird von Männern dominiert, die für ihre Frauen Geld scheffeln müssen, oder zumindest glauben, sich das beschaffen zu müssen, um auf Frauen Eindruck zu machen. Ein schlechtes Gewissen brauchen Sie deshalb also nicht zu haben.

Entweder Sie machen alles so, wie man Ihnen das in der Werbung sagt, oder Sie lassen es. Stil ist schließlich das, wofür man sich als Frau selbst entschieden hat. Das ist das, was man selbst besitzt, hat, kauft, und trägt. Das werden Sie ihrer Umgebung wohl noch beibiegen können. Ihn interessiert das sowieso nicht.

Wichtig ist, dass Sie mit dem, was Sie vorzeigen können, haben und tragen einen selbstbewussten und guten Eindruck auf Ihre Umwelt machen. Man denkt sonst, Sie hätten zu Hause beim Mann nicht alles im Griff, er eventuell die Hosen an und Sie seien ihm vielleicht sogar hörig.

Und zuletzt das Wichtigste: Dem Mann ist das alles egal, weil er es sowieso nicht begreift. Es ist demzufolge ganz Ihr Bereich. Lassen Sie sich da nicht hineinreden. Wichtig ist in allen Fällen nur, dass Sie es schaffen, sich zum Mittelpunkt zu machen. Das sind Sie Ihrem Mann schuldig!

Benehmen

Das ist etwas, worin sich andere befleißigen sollten, es zu lernen. Seien Sie natürlich. Fühlen Sie sich frei: *Bescheidenheit ist eine Zier, doch weiter kommt man ohne ihr…*

Nur der auch innerlich, also auch psychisch befreite Mensch ist wirklich frei in seinen Entscheidungen.

(…oder haben Sie schon vergessen, mit welcher Frechheit da neulich dieses ordinäre Flittchen, was angeblich Ihre beste Freundin sein wollte, diese Pissnelke, Ihren Traumtypen, auf den Sie es eigentlich abgesehen hatten, abgeschleppt hat? Vielleicht hatte der Kerl es nicht anders verdient, aber trotzdem … Noch einmal passiert Ihnen das nicht!!!

… Darauf kann die sich verlassen, auch wenn Sie ihr dazu in aller Öffentlichkeit diese immer zu weit und an den falschen Stelle ausgeschnittenen Lumpen mit dem Etikett dieser Nobel-Boutique, die sie immer trägt, vom Balg fetzen müssten … Das wäre nicht das erste Mal, dass jemand ein blaues Auge abgekriegt hätte, der sich Ihnen in den Weg stellte!)

Gerade wenn Sie „in festen Händen" sind, seien Sie in seinem Beisein nicht zimperlich, sobald es um die Wurst geht.

Wenn Sie ihn lieben, dann rasten Sie ruhig ab und zu gegenüber anderen aus. Erstens wird ihn das von Ihrem unverbrüchlichen Vertrauen in ihn, bzw. Ihren festen Absichten ihm gegenüber überzeugen, und zweitens weiß er auch gleich, was ihm vielleicht von Ihnen blüht, wenn er selbst einmal nicht parieren sollte.

An der Art ob und wie er Ihnen in dieser Situation beisteht, können Sie erkennen, wie weit Sie ihn wirklich schon vereinnahmt haben.

Dem Mann sind diese Wege allerdings verschlossen. Der muss sich benehmen können. Bringen Sie ihm das bei. Setzen Sie sich durch und steuern Sie das.

Wenn der sich von sich aus prügeln will und es nicht um Sie geht, dann unterbinden Sie das. Der ist schließlich für Ihren Schutz da und sonst für gar nichts.

Auch sonst muss man dem Mann Werte beibringen. Falls der also beim Essen zu krümeln beginnt, gibt es paar auf die Finger. Er wird Ihnen bald nicht mehr zu widersprechen wagen und bei den Tischsitten beginnt das schließlich, das mit dem guten Benehmen.

Gewöhnen Sie Ihm das Schmatzen und Schlürfen ab, indem Sie ihm das ganz unauffällig vormachen, Besteck auch demonstrativ zweckentfremdet verwenden, mit vollem Mund sprechen, sich und andere vollkleckern, bei Tisch in der Nase bohren, sich beschmieren und dergleichen mehr.

Es heißt zwar: Schlechte Beispiele verderben gute Sitten, aber es heißt auch, dass bei einfach gestrickten Gemütern, also beim Mann, schon die Vorführung abschreckender Beispiele zur Besserung führt.

Lassen Sie da nichts unversucht.

Werte

Während die Frau in ihrem Leben und in ihrem Umfeld stets Werte abschätzt und Prioritäten setzt, ist das beim Mann ganz anders. Der Mann hat eine Erziehung zum Erwerbssinn erlitten, woraus er nur eine Konsequenz zu ziehen imstande ist, und zwar die, dass alles nur den einen Wert hat, und zwar den, was es an Geld kostet. Er glaubt, dass man alles für Geld bekommen kann.

Was nichts kostet, ist ihm auch nichts wert. In diesem Vorurteil befangen gibt er manchmal sein Geld her, ohne überhaupt etwas dafür zu kriegen, was Ihnen das wert wäre. Dass bestimmte Frauen sich das zunutze machen, dürfte bekannt sein. Gesetzlich verboten ist das nicht, aber er sollte sich besser von Ihnen dabei nicht erwischen lassen. Es gibt gehässige Leute, die das mit der ehelichen Gemeinschaft nur als monogam getarnte Variante oder Spielart dieses gesellschaftlichen Theaters bezeichnen wollen.

Obwohl das gegenseitige Geben und Nehmen da nicht wie in der Wirtschaft immer sofort finanziell ausgeglichen wird; die Basis der Bedürfnisbefriedigung gegen materielle Leistung sei aber auch da gegeben.

Hier müssen Sie ansetzen, um dem entgegenzuwirken. Machen Sie ihm klar, wie hoch die ideellen und sonstigen Werte für das anzusetzen sind, die er von Ihnen für seine materiellen Leistungen erhält.

Wenn man zu theoretisch an eine Sache herangeht, ist das mit den Werten meist sehr fraglich. Machen Sie sich aber darüber keine Gedanken.

Gehen Sie das praktisch an und erziehen Sie ihn konsequent dahin, wo Sie ihn hinhaben wollen. Hauptsache Sie haben die richtige Richtung klar im Visier, alles andere findet sich dann schon.

Alles, was Sie für sich als Wert verinnerlicht haben, das ist es auch wert, bewahrt zu werden. Daran muss er sich halten. Belehren Sie ihn dahingehend auf das Ausführlichste. Woher sollte er es sonst wissen.

Gesundheit

Ihre eigene Gesundheit ist das, was Vorrang vor allem hat, was Sie sich vorstellen können. Lassen Sie da nichts unversucht, sich die zu erhalten. Es gibt da kein Opfer, welches zu groß wäre, um dieses Ziel abzusichern.

Von wegen: *Gesundheit ist nicht alles.* Im Gegenteil: *Ohne Gesundheit ist alles nichts!* Aber auch seine Gesundheit soll Ihnen als am Herzen liegen. Ihre ganze Selbstverwirklichung basiert doch auf seiner Gesundheit.

Sie haben eine Menge Zeit, Nervenkraft und sonstige Energie in seine Erziehung investiert. Das muss sich irgendwann für Sie auch auszahlen. Deshalb ein paar Hinweise:

Grundsätzlich ist alles gesund, was Sie ihm zu essen und zu trinken geben. Egal was es ist und was Sie gerade da haben, es ist seiner Gesundheit förderlich. Verinnerlichen Sie das bei ihm als dankbaren Reflex. Besonders gesund ist Sport, vor allem, wenn er dazu keine Lust hat, ihn auszuüben.

Bestehen Sie nicht darauf, dass er ihn ausübt, aber erinnern Sie ihn ständig daran. Er wird Ihren anderen Themen viel mehr Aufmerksamkeit widmen, wenn Sie aufhören von seiner Körperertüchtigung zu sprechen. Vor allem bleibt ihm das schlechte Gewissen Ihnen gegenüber.

Sollte er von seinen Krankheitssymptomen sprechen, dann gehen Sie darauf ein. Er soll nicht leiden. Er muss sich schonen. Das ist für Sie die beste Gelegenheit, ihm erst einmal solche ungesunden Dinge wie Rauchen, Bier trinken, teure Hobbys usw. zu verbieten. Das muss nicht unbedingt auf die Krankheit bezogen sein.

Auch wenn er sich nur ein Bein gebrochen hat, darf Sie das nicht daran hindern, ihm das Rauchen abgewöhnen zu wollen. Sie werden merken, er wird Ihnen ziemlich schnell versichern, dass er sich schon viel besser fühlt.

Kaufen Sie alles an rezeptfreien Medikamenten und Tee-sorten, die Ihnen nützlich erscheinen und probieren Sie das, wenn er anfängt zu jammern, alles möglichst gleichzeitig und in größerem Umfang an ihm aus.

Sie sollen mal sehen, wie schnell der wieder auf den Bei-nen ist, um dieser Fürsorge entkommen zu können. Sollte er wirklich krank sein und der Arzt auch kaum noch Hoffnung haben, dann denken Sie immer daran, dass der Mann heutzu-tage sowieso nicht mehr das ist, was er mal war.

Verzweifeln Sie nicht und im allerschlimmsten Fall neh-men Sie eben den nächsten. Gegen das Schicksal ist man eben machtlos.

Hausapotheke

Je nach Intensität Ihrer Erziehungsbemühungen am Mann werden Sie merken, dass Ihnen eine gut bestückte Hausapo-theke immer von Nutzen ist.

Kleben Sie sich auch einen Zettel mit den Notrufen und den wichtigsten Rufnummern der Ihnen bekannten Ärzte mit an die Innenseite Ihres Hausapothekenschrankes. Besser spei-chern sie diese Nummern noch zusätzlich auf Abruf in Ih-rem Handy und auch im Hausanschluss des Festnetzes, so-fern Sie das noch haben. Es ist zu Ihrem eigenen Schutz.

Denken Sie bei der Befüllung der Hausapotheke nicht nur an Kopfschmerztabletten. Nehmen Sie vor allem nicht eines dieser im Bad mit aufzuhängenden neckischen Sanitätskästchen, die gerade mal für etwas Heftpflaster ausreichend sind, sondern einen größeren Schrank. Auch der Inhalt des gesetzlich vorgeschriebenen und genormten Sanitätskastens für Kraftfahrzeuge ist nicht immer ausreichend.

In der Hochphase Ihrer Erziehungsbemühungen am Mann empfehle ich Ihnen unbedingt die Vorratshaltung von Kompressen, kühlenden Gels, Brandsalbe, Lotionen zur schmerzverteilenden Massageunterstützung, Knochenschienen, Gips- und auch Elastikbinden, Heftpflaster, auch die luftdichte Art.

Alles, was man zur Behandlung von Knochenbrüchen, Schlag- und Stichverletzungen, Prellungen und Zerrungen so benötigt, und auch zur Stillung der Blutung größerer Wunden.

Mengenmäßig eher mehr als weniger. Denken Sie dabei auch an eine Halsmanschette, wie man sie gegen die Folgen des Schleudertraumas trägt.

Augenklappen kann ich weniger empfehlen. Eine gute Sonnenbrille mit sehr dunklen Gläsern tut es im Notfall meist auch. Die Einhaltung des UV-Faktors ist in diesem Fall nebensächlich, wie Sie dann bestimmt feststellen können, falls Sie diese Brille aus medizinisch bedingt kosmetischen Gründen einmal brauchen sollten.

Romantik

Viele Frauen träumen von der sogenannten romantischen Beziehung. Wie schon der Name sagt, hat das mehr mit Roman als mit Wirklichkeit zu tun. Sie verwechseln da Weg und Ziel.

Die romantische Frau ist auf einen Mann aus, dem sie treu sein kann. Aber wie soll sie den finden, wenn sie ihn nicht suchen, ausprobieren und auswählen darf.

Vor allem das mit dem Ausprobieren wird man Ihnen übel nehmen. Nicht dass Sie erst jede Menge Nieten ziehen müssen, ehe mal ein Trostpreis dabei ist, wird Ihnen angelastet, sondern dass Sie sich nicht gleich mit der erstbesten Niete abzufinden bereit sind.

Liebe

Liebe wird oft als Emotion bezeichnet. Das ist falsch. Liebe ist mehr als Hunger, Durst, Neid, Hass, Abscheu, Ekel, Freude und dergleichen. Diese Emotionen haben Tiere schließlich auch.

Bei der Liebe zwischen Menschen, falls das nicht die instinktgesteuerte Mutterliebe, dieser triebartige hormonell gestützte Behütungs-, Betreuungs- und Aufzuchtreflex ist, kommt die Dimension der geistigen Vorstellung vom Anderen dazu, welche entscheidend ist, dass dieses Gefühl überhaupt entsteht und welche Festigkeit dieses Gefühl dann gewinnt.

Diese geistige Verfestigung in ihm, das müssen Sie beherrschen. Erzeugen Sie deshalb in seiner Anschauung stets neue Dimensionen dieser Vorstellungen von sich, welche dieses Gefühl weiter verfestigen. Bereits unter Kontaktaufnahme und zum Beuteschema habe ich Ihnen klargemacht, dass Sie sich entscheiden müssen zwischen Sex, Fortpflanzung, Begattung oder Liebe.

Das mit der Begattung und Fortpflanzung braucht man nicht zu erklären. Das fällt unter Umwelt und Natur, ist also Bio. Über Bio müssten Sie als moderne Frau eigentlich alles wissen.

Über Sex auch und entsprechende ausreichende Zusatzinformationen haben Sie hier auch bekommen. Jetzt also das mit der Liebe.

Wer sie nicht fühlt, dem kann man sie nicht erklären und wer sie fühlt, dem ist normalerweise nicht mehr zu helfen, weil man ihm nichts mehr erklären kann.

Für Außenstehende ist Liebe in der Form des Verknallt seins jedenfalls ein lächerliches Gefühl, für den Betroffenen aber in unglücklichen Fällen existenzbedrohend, weil es ihn des klaren Denkens in Versorgungskategorien beraubt und auch Frauen vom Befall durch Liebe nicht ausgespart sind.

Wenn es Sie gepackt hat, wissen es die anderen sowieso zuerst und Sie sind von da an irgendwelchen Vernunftsgründen, Erklärungen oder Warnungen nicht mehr zugänglich.

Ganz sicher hat Sie die Liebe noch nicht ereilt, solange Sie noch in diesen Ratgeber schauen, um sich Hinweise für die Erziehung des Mannes zur eigenen Selbstverwirklichung zu holen.

Und als letztes kann ich Ihnen garantiert versichern, es erwischt Sie bestimmt, wenn Sie nicht damit rechnen. Hat es Sie erwischt, können Sie fast nichts mehr dagegen tun. Alle Ratschläge werden dann für Sie unbrauchbar.

Beim Alkohol, da wissen Sie, dass eine vorher zu reichlich eingenommene Menge Sie anschließend überwältigt und unzurechenbar macht. Das verschwindet im Laufe des Alkoholabbaus in Ihrem Körper wieder. Bei der Liebe entsteht dieser Zustand der Unzurechnungsfähigkeit, ohne dass Sie vorher etwas zu sich genommen haben müssen.

Da reicht es, wenn Ihr Auge in einem unkontrolliertem Moment dem Gehirn die optische Deckungsfähigkeit zwischen Ihren geheimsten Vorstellungen und einem bestimmten gerade von ihm geortetem Objekt signalisiert hat ... Die Liebe auf den ersten Blick.

Und das gefährliche daran: Das passiert unkontrollierbar bestimmt auch Ihnen und bleibt, auch wenn Sie nicht wollen sollten. Ich hoffe nur, dass der, auf den Ihre Liebe dann fällt, kein Lumpenhund ist, sondern einer der es wert ist und der Sie auch wiederliebt. Liebe ist in jedem Fall eine kreuzgefährliche Angelegenheit.

Erziehen Sie ihn auf alle Fälle mit Liebe, ganz gleich, was Sie darunter verstehen. Wenn er das dann nicht aushalten kann, werden Sie es merken.

Männliche Vorurteile gegenüber Frauen, die Sie unbedingt und erbarmungslos ausmerzen müssen

Nun zu einem Problem, das sich in letzter Zeit aufgetan hat, und in seinen eventuellen Auswirkungen noch nicht abzuschätzen ist.

Die Auswertung der letzten anonymen Befragungen, welche zwar nicht im Auftrag, aber doch und unter Beobachtung der GleichstellungsbeauftragtInnen von einem Kreis unabhängiger selbst ernannter BeobachterInnen bei einem zufällig ausgewähltem weiblichen Personenkreis ab einem bestimmtem Mindestbildungsniveau der mittleren Altersgruppen zwischen Batikfieber, Töpferwahn, Ökowut und Klimakterium durchgeführt wurden, hat ergeben, dass der größte Teil dieser Frauen zu der Überzeugung gekommen sind, dass Männer, sofern sie zu vorgerückter Stunde in öffentlichen Gaststätten Diskotheken oder allgemeinzugänglichen Partyveranstaltungen oder auch anderswo Kontakt mit solchen aufzunehmen versucht hätten, neuerdings oft folgende Vorurteile gegenüber ihnen, den modernen Frauen hegen:

Der Feminismus und die meist daran gebundene Frauenbewegung hätten in der letzten Zeit einen neuen Typ der modernen Frau hervorgebracht, der von aller herkömmlichen Tradition völlig abweiche.

Bei diesem neuen Frauentyp suche man vergeblich solchen Eigenschaften wie Hingabe, Selbstlosigkeit, Fürsorgeinstinkt, Mütterlichkeit, Anpassungsfähigkeit, Geduld, Fügsamkeit, Ergebenheit, Selbstaufopferung, Demut, Anspruchslosigkeit, Milde, Scheu und Zurückhaltung.

Stattdessen fänden sich: Falschheit, Verlogenheit, Listigkeit, Hinterhältigkeit, Treulosigkeit, Illoyalität, Eitelkeit, Launenhaftigkeit, Intriganz, Grausamkeit und Rachsucht.

Von Gerechtigkeitssinn keine Rede mehr.

Ganz neu fänden sich auch solche Eigenschaften wie Härte, Rücksichtslosigkeit, Herrschsucht, Zynismus, Frechheit, Berechnung, Habsucht und Leichtsinn.

Sogar männliche Eigenschaften wie Egozentrik, Rohheit, Karriere- und Vergnügungssucht gäbe es bei Frauen in zunehmendem Maße.

Eine moderne Frau sei nur noch selten zart und anmutig, mild, freundlich und liebenswert, sondern eher frech, forsch, aufdringlich, unverschämt, streitsüchtig und wichtigtuerisch, selbstzufrieden und selbstsicher, arrogant, von sich selbst überzeugt und nonchalant, selbstbezogen und eingebildet.

Diese modernen Frauen hätten sich angeblich die meisten Rechte der Männer zugeschanzt, ohne die zugehörigen Pflichten übernehmen zu wollen.

Gleichzeitig seien sie bestrebt, so viele der alten Rechte und Privilegien wie möglich zu behalten, versuchten aber gleichzeitig, sich den traditionellen Pflichten der Frau zu entziehen.

Diese überraschenden Ergebnisse wurden daraufhin zur Absicherung ihrer Stichhaltigkeit einer Gegenprüfung unterzogen. Die daraufhin erfolgte Auswertung der Stammtischgespräche unter Männern im gleichen Milieu habe allerdings das Bestehen dieser männlichen Vorurteile leider vollinhaltlich bestätigt. Eine Unterdrückung der Ergebnisse dieser Studien würde also nur einem weiteren Verfall des Ansehens der Frau in der Gesellschaft Vorschub leisten. Es dürfte klar sei, dass dagegen etwas unternommen werden muss, und zwar gleich, vor allem effizient mit eventuell auch unkonventionellen Mitteln und in Anbetracht der nicht zu unterschätzenden Gefährlichkeit und Brisanz solcher Ansichten auch mit der erforderlichen Härte.

Es gelang jedoch bisher noch nicht, festzustellen, woher diese völlig aus der Luft gegriffenen bösartigen und destruktiven Unterstellungen, Behauptungen und verleumderischen Thesen ihren Ursprung haben, weil man bisher noch keine diesbezügliche organisierte und gerichtete Männerbewegung ausmachen konnte, welche diese Thesen vertritt.

Da es sich um eine Zusammenstellung von rein privaten Anschauungen handele, die eigentlich nur das Ergebnis schlechter Erziehung der Männer sein könne, und auch die Definition der sogenannten „Modernen Frau" sich nicht auf eine rechtlich abgrenzbare Personengruppe beziehe, habe man leider bisher noch keine greifbare Substanz ermittelt, die sich mit dem Diskriminierungsparagrafen des Grundgesetzes erfassen lasse.

Die allerdings nicht nur bundesweite, sondern nach letzten Erkenntnissen auch europaweit übergreifende Einheitlichkeit dieser Auffassungen bei Männern lassen seitens der Frauenverbände auf ein nicht zu verachtendes konspiratives Potential schließen, aus dem heraus sich irgendwann eine erzreaktionäre Männerbewegung formieren könnte. Die Problematik müsse ernst genommen werden.

Entsprechende Warnhinweise können Frauen jederzeit bei den einschlägigen Anlaufstellen verschiedener Frauenverbände zu dieser Problematik einholen.

Es müsse dringend untersucht werden, was heutzutage der moderne Mann für einer ist, wenn Frauen tatsächlich auf die beschriebenen Verhaltensweisen zurückgreifen müssen, um sich ihm gegenüber behaupten zu können. Werden Sie deshalb erzieherisch tätig. Jetzt. Noch ist Zeit. Der zweite Bildungsweg über die Frau hat bekanntlich noch keinem Mann geschadet. Falls Sie jetzt nicht entschlossen durchgreifen, kann es eventuell zu spät sein. Bessern Sie um jeden Preis die Anschauungen zum Prestige der Frau bei den Männern Ihres Umfeldes auf, notfalls auch mit Gewalt.

Erfolgstest

Den Erfolg Ihrer Erziehungsbemühungen am Mann können Sie übrigens ganz einfach testen. Wenn Sie Ihm beispielsweise beharrlich damit in den Ohren liegen, dass nach Ihrer Überzeugung die Erde eine Scheibe ist, und er dann heimlich, um Sie nicht unnötig zu reizen und den Familienfrieden zu bewahren, seinen Globus entsorgt, dann sind Sie am Ziel.

Das können Sie aber auch anders und zwar ganz nach Belieben abwickeln. Er wird auch nicht wissen, dass die Winkelsumme am Kreis nach Ihrer Ansicht immer fast 180 Prozent ist, aber er wird es Ihnen nun abnehmen und irgendwann auch glauben. Ein untrüglicher Beweis, ob der von Ihnen erwählte und erzogene Mann auch tauglich für Ihre Selbstverwirklichungspläne ist, das ist aber der Schuhtest:

Bekanntlich erfolgt zurzeit in unseren großartigen Konsumtempeln kaum noch eine Bedienung. Die Verkäuferinnen sind meist so jung, dass man ihnen nicht mehr glaubt, dass sie wissen, welche Waren sie Ihnen anbieten, geschweige denn, dass sie am Kunden interessiert sind, der sich die Ware empfehlen lassen will, oder wozu man sie überhaupt zwischen den Verkaufsregale gestellt hat. Auch die träumen nur von ihrer Selbstverwirklichung. Ihre Träume erstrecken sich meist darauf, sich öffentlich so zu präsentieren, dass sie als Model entdeckt werden. Deshalb stellen die sich auch für einen Stundenlohn in einen Laden, der ihnen noch nicht einmal ermöglicht, sich die zu dieser Präsentation erforderliche Kosmetik zu leisten.

Gehen Sie mit Ihrem Partner in einen solchen Schuhladen. Setzen Sie sich dort in einen der da stehenden Sessel und probieren Sie Schuhe an. Niemand wird Sie dabei stören.

Sagen Sie Ihrem Partner, möglichst unkonkret, aber sehr detailliert, was Sie gern hätten und schicken Sie ihn dann los. Also beispielsweise: „Ich hätte gern etwas Bequemes, möglichst modern und mit dem richtigen Pfiff in modischen Farben, was man überall tragen kann."

Er wird Ihnen etwas holen, was ganz und gar nicht Ihrem Geschmack entspricht. Probieren Sie es trotzdem an. Er kann nicht nur, sondern er soll Ihnen nun beim Schuhe wechseln ruhig helfen. Dann erklären Sie ihm, warum das, was er gebracht hat, nicht das ist, was Sie sich vorgestellt haben. Er wird Ihnen neue Schuhe bringen und sie Ihnen anprobieren.

Betreiben Sie das eine Weile. Behandeln Sie ihn dabei genauso, wie Sie das als Kind bei Ihrer Mutter gesehen haben, wenn die Schuhe kaufen ging und dabei versuchte, die Verkäuferin ganz gezielt systematisch in den Wahnsinn zu treiben, um ihren mitgebrachten eigenen persönlichen Frust abzubauen. Vor allem: Kaufen Sie nichts! – Nie, wenn er dabei ist! - Das hat den Vorteil der Sparsamkeit. Es wird ihn über das hinwegtrösten, was er dort erleiden muss.

Falls Sie wirklich Schuhe kaufen wollen, dann tun Sie das allein. Er würde dabei nur stören.

Haben Sie Ihren Partner so weit, dass Sie das mit ihm veranstalten können, dann können Sie diesen Ratgeber endlich unbesorgt in den Müll schmeißen. Zu etwas anderem ist er dann auch nicht mehr zu gebrauchen. Sie haben alles erreicht. Mehr geht nicht, und der Mann soll ihn schließlich nicht in die Hände bekommen. Sie haben es aber nicht nötig, einen so harten Test mit ihrem Partner durchzuziehen. Daran, dass er widerspruchslos jederzeit das trägt, und sich auch nicht mehr vor seinen Kumpels dafür schämt, was Sie unter *Partnerlook* verstehen und ihn anziehen lassen, erkennen Sie am besten, wie weit sie ihn schon haben.

Wenn er sich in diesen aufgehübschten femininen blasshellfarbigen Babylookfetzen, oder was es sonst ist, allein auf die Straße wagt und anfängt, sich ernsthaft eventuell ein dezentes Makeup, welches dem Ihren angepasst ist, zu probieren, sich damit vielleicht sogar zum Stammtisch zu wagen, dann haben Sie es geschafft. Dann wird jede Frau gleich sehen, dass er in festen Händen ist und mit ihm absolut nichts mehr anzufangen wäre, falls sie ihn trotzdem noch attraktiv fände.

Den Mann im Partnerlook öffentlich vorzuführen, ist die effektivste Methode anderen endlich die erfolgreiche geistige Kastration des Mannes zu beweisen.

Gesamtauswertung

Nun sind Sie fertig mit Ihrer Erziehung des Partners. Es war bestimmt nicht leicht, das Vorstehende überhaupt zu lesen, um wie vieles schwerer die Realisierung. In welchem Wechselbad der Gefühle Sie sich da ab und zu befunden haben mögen, will ich gar nicht wissen.

Geben Sie zu, es hat Ihnen trotzdem Spaß gemacht. Ab jetzt läuft alles wie am Schnürchen. Er weiß, was ihm blüht, wenn er nicht pariert und Sie drücken ab jetzt nur noch Knöpfchen, wenn Sie etwas wollen.

Die Abrichtung eines Hundes ist da viel schwieriger, weil der doch keinen Text versteht, den Sie ihm nicht vorher eingetrichtert haben. Beim Mann lohnt sich das, wie Sie sehen immer, weil er meist schon spricht und Sie auch verstehen konnte, als Sie ihn sich vorknöpften, obwohl er kaum geahnt haben kann, was Sie wirklich mit ihm vor hatten. Wenn Sie sich allerdings vergegenwärtigen, was für ein wilder und unternehmungslustiger Typ das vorher war, immer für eine Überraschung gut und nie zu berechnen, der auch manchmal, wenn Sie gerade etwas ganz anderes mit ihm vor hatten, nach dem Motto: *„Zieh endlich den Slip aus, ich muss jetzt unbedingt etwas Wichtiges mit dir besprechen ...",* irgendwelches dummes Zeug mit Ihnen anstellen wollte ...

Wollen Sie wirklich diesen zum lappigen kriecherischen Softie abgerichteten Kretin, der immer nur danach giert, Ihnen alles recht zu machen, der vielleicht sogar weint, wenn sie ihn zu scharf angefahren haben, diese emotionale Molluske ohne eigenen Willen, ohne eigenen Gedanken, ohne Phantasie, ohne Vorstellungsvermögen oder Ziel, der nichts mehr auf die Reihe kriegt, um sich haben? dieses emotional durchverarschte, willenlose kaputtgespielte Stück Elend?

Wenn der sich wirklich von Ihnen nach dem Muster „Super-Nanny" auf die „Stille Treppe" setzen lässt, dann sollten Sie langsam um Ihr Leben zu fürchten beginnen, weil er da dann vielleicht einen lichten Moment kriegen könnte. Ich glaube, wir, Sie und ich, sind uns da einig. Es ist höchste Zeit, diesen Depp zu entsorgen. Schmeißen Sie ihn nun raus. Gleich.

Es wird Sie erleichtern. Garantiert. Ob Sie das jetzt mit einem anderen Mann noch einmal von vorn beginnen, oder sich doch besser einen Hund aus dem Tierheim zulegen, das müssen Sie schon selbst wissen. Erfahrung haben Sie nun ausreichend gesammelt.

Zusammenfassung und Ausblick

Der Mann ist derzeit auf einen beklagenswert unwichtigen Platz in der Gesellschaft abgerutscht. Zum Kinderzeugen wird er als Einzelexemplar nicht mehr unbedingt benötigt, weil es schon ausreichend Samenbankreserven gibt, und für richtigen Sex ist er auch nur begrenzt verwendbar. Einschlägige Gerätschaften, die der Handel dafür ersatzweise anbietet sind ihm bereits vom technischen Prinzip funktionell weit überlegen, geschweige denn, dass er beispielsweise je die Leistungsfähigkeit eines Vibrators erreichen könnte.

Die Gentechnik ist dabei, ihn über das Klonen ganz überflüssig zu machen. Er hat zunehmend eigene Bedürfnisse und oft kein Interesse an Problemen der Frau. Die technische Entwicklung hat es leider mit sich gebracht, dass er kaum noch selbständig mit handwerklichem Geschick etwas erledigen und auch nur noch selten etwas ordentlich reparieren kann, wenn es kaputt ist. Den Kindern bei den Schularbeiten zu helfen, dazu sind wohl nicht einmal Sie imstande, geschweige denn er. Arbeit bekommt er nur noch schwer, weil jeder weiß, dass man Frauen für die gleiche Tätigkeit weniger zu bezahlen braucht. Wer braucht ihn eigentlich noch, werden auch Sie sich schon oft gefragt haben. Der Feminismus hat sich bereits umfassend mit diesem Problem befasst. Beispielsweise hat die amerikanische Frauenrechtlerin Sally Miller Gearhart nicht ganz zu Unrecht schon frühzeitig die Forderung gestellt, die männliche Bevölkerung der Erde auf 10% Der Gesamtbevölkerung zu reduzieren. Dem schloss sich auch die bekannte Vorreiterin des Feminismus Mary Daly an, als sie in einem Interview auf diese Forderung Millers angesprochen antwortete: *Ich denke, das ist durchaus keine schlechte Idee. Wenn Leben so viel heißt wie Überleben auf diesem Planeten, dann muss es eine Entseuchung (Dekontamination) geben. Ich denke, das wird begleitet sein von einem evolutionären Prozess, der in einer drastischen Reduktion der Männer bestehen wird.*

Nicht dass sie jetzt denken, dass diese Frauen eine Art Holocaust unter Männern anstellen wollten. So etwas kann schon ganz einfach über die Geburtenkontrolle gesteuert werden. Wenn nur noch 10% der geborenen Kinder Jungen sind, ist die ganze Sache innerhalb weniger Jahre erledigt, weil doch der überflüssige Rest der Männer sowieso einmal wegstirbt, wenn er nicht mehr ersetzt wird. Das hat auch nichts mit Genozid zu tun, wie das von Männern manchmal bezeichnet wird. Das nennt sich *Gendercide* und wäre als wissenschaftliche Methode im Namen des *Genderzentrismus* durchaus praktizierbar. Auch der *Gender Mainstreaming* hat doch bereits Eingang in die Politik gefunden. Infolge bereits geordneter Sprachregelung, kann es doch sowieso nicht mehr lange dauern, bis das alles gesellschaftsfähig ist.

Gesellschaftsfähige Denkmodelle sind auch parlamentarisch konsensfähig, und konsensfähige Modelle sind gesetzgeberisch bearbeitbar. Es wäre deshalb irgendwann mit entsprechenden Initiativen auf diesem Gebiet zu rechnen.

Das sind aber alles schon überholte Szenarien, mit denen man sich nicht erst befassen sollte. Unsere Welt ist da schon weiter und es bedarf kaum noch weiterer Regelungen auf diesem Gebiet, weil die Weichen längst schon gestellt sind. Im Zuge der zunehmenden Verwendung der Pille hat sich nämlich ergeben, dass die nicht abgebauten und wieder ausgeschiedenen Hormone der Pille über den Wasserkreislauf bereits weltweit in die Nahrungskette Eingang gefunden haben. Als Folge hat man bei Fischen schon festgestellt, dass dort der Anteil der männlichen Komponente stark zurückgeht. Fische verweiblichen zusehends. Bei Großstädten, die in industriell höher entwickelten Ländern ihr Trinkwasser überwiegend aus dem Uferfiltrat des Unterlaufes der Flüsse gewinnen, an denen sie erbaut sind, wurde die Verwendung von Verhütungsmitteln für Frauen teilweise schon überflüssig, weil schon über das Trinkwasser gesichert.

Als Nebeneffekt tritt dort bei der männlichen Bevölkerung ein zunehmend stärkerer Hang zur Brutpflege zutage, der von den Frauen noch gar nicht im ganzen Umfang genutzt wird. Indiz: Auch homosexuelle Paare wollen dort verstärkt Kinder adoptieren. Es werden auch viel weniger männliche Babys geboren und über die Verweiblichung der Männer ist deren Domestikation auch viel einfacher. Sie sind auch bedeutend emotionaler geworden, aber eben nur nicht mehr so leistungsfähig im Bett.

Es ist zurzeit bedauerlicherweise immer noch so, dass der Mann in unserer Gesellschaft, vor allem im gesellschaftlichen Leben leider noch als unverzichtbares Accessoire zur Ausstattung der Frau gezählt wird. So schleppte beispielsweise eine Bundeskanzlerin bei uns auch immer einen Ehemann mit sich herum, weil die englische, die dänische, die belgische und die holländische Königin eben auch einen Mann mit herumschleppen mussten. Sogar eine so eiserne Lady, wie die Premierministerin Thatcher kam um den Besitz und die Präsentation eines Ehemannes nicht herum. Dass diese Frauen ihre Männer genau so nötig gebrauchen konnten, wie Sie einen Kropf, ergab schon der Augenschein.

Einmal wird auch dieses Kapitel zugeschlagen werden, aber bis dahin muss sich Frau damit herumärgern. Machen Sie es sich einfach. Nehmen Sie sich meine Ratschläge zu Herzen und schauen Sie tapfer in die Zukunft. Einst wird es besser. Aber versuchen Sie beispielsweise einmal ohne Internetkenntnisse in einem abgelegenen Ort der Bundesrepublik Deutschland ein Bahnticket für einen bestimmten Tag für die Fahrt zwischen zwei Orten zu bekommen, die keine Direktverbindung miteinander besitzen, und dass dieses

Ticket dann auch für die dazu von Ihnen benutzen Züge an den gewünschten Tagen gültig ist, geschweige denn, dass Sie vorher herausbekommen, ob Sie Ihr Fahrrad dann auch mittransportiert bekommen. Das ist ein genau so schwieriges Unterfangen wie die vorherige Ermittlung der Kosten eines Telefonates von A nach B, wenn Sie nicht wissen, über welche Festnetz- oder welche Handyanbieternetze Sie das Gespräch zu welcher Tageszeit und an welchem Wochentag führen wollen.

Das haben Ihnen alles Männer mit ihrer technisch orientierten Zivilisation eingebrockt. Eigentlich ein Grund, den Mann abzuschaffen. Im Moment können Sie aber noch nicht viel dagegen tun. Sie können nur den Spieß umdrehen. Lassen Sie einfach den Mann sich damit befassen, was er angerichtet hat.

Sie werden schon festgestellt haben, dass man einen Mann bedeutend einfacher bedienen kann als ein Mobiltelefon und dass er selbst beim Absturz des Programms, also, wenn er ausrastet, bedeutend schneller wieder funktionsfähig ist als Ihr Computer, weil er den Drang zur Selbstreparatur hat und garantiert von sich aus wieder von allein mit Ihnen Kontakt aufnehmen will. Wenn also diese ganze technikgläubige Welt eines Tages in sich zusammenbrechen sollte, dann wird die Frau im Interesse ihrer Lebensqualität automatisch wieder auf den Mann zurückgreifen müssen, wenn sie sich nicht andere Frauen dafür dienstbar machen kann, was angesichts der sich anbahnenden Entwicklungen schwierig sein dürfte.

Männer haben sowieso eine kürzere Lebenserwartung als Frauen. Daran merkt man schon, dass sie nicht aus dem gleichen Material gemacht sein können. Nehmen Sie sich ruhig einen, aber sorgen Sie dafür, dass sie ihn auch wieder losbekommen. Denken Sie immer daran, dass Sie in ihrem

Leben auch für sich selbst irgendwann einmal ausreichend Zeit haben müssen, um es wirklich genießen zu können.

Ein ganzes Frauenleben mit einem Mann zu verbringen ist bei dessen heute schon zu erwartende statistischer Länge wohl wirklich zu viel verlangt, aber ohne Mann gelebt zu haben, das ist keineswegs besser.

Schleierhaft ist trotzdem seit langem, weshalb der Mann auf dem Arbeitsmarkt in letzter Zeit so ins Hintertreffen geraten ist. Der Mann, wenn er nämlich in einer festen familiären Bindung, beispielsweise in einer Ehe verankert ist, stellt ein ungleich stabileres Element für den industriellen Arbeitsprozess dar, denn der weiß was Gehorsam ist. Er wird sich selbst wider bessere Einsicht mit Rücksicht auf die Existenz der Lebensgrundlage seiner Familie hierarchischen Gegebenheiten anpassen, die einer Frau nie zuzumuten wären. Den können Sie zu allem bringen, wenn Sie ihm glaubwürdig versichern, dass daran seine Existenz hängt. Versuchen Sie das mal mit einer Frau.

Der Mann als universelles Ersatz- oder Reseveaggregat beim Versagen der Zivilisation? Als Prügelsack der Familie ist er in dieser unserer entwickelten Welt des Fortschritts schon heute kaum noch verzichtbar. Geben Sie es zu, Sie genießen es doch, ab und zu diesen Dödel richtig rund zu machen und ihm zu zeigen, wer Herr im Hause ist. Ohne ihn würde das doch alles keinen Spaß machen, und wenn Ihnen in Zukunft auf neun Frauen nur ein Samenspender zur Verfügung stünde, das wollten Sie doch auch nicht. Stellen Sie sich vor, Sie müssten sich mit acht anderen Geschlechtsgenossinnen um das eine Exemplar prügeln, nur um Ihre persönliche Geburtenquote abzusichern, denn von individueller Betreuung wäre dann keine Rede mehr. Außerdem würde Ihnen diese biologische Samenreserve in Form der Restmänner in einer feministischen Zukunft sowieso nicht zuhause herumhängen. Die würden dann in Gemeinschaftsunterkünften untergebracht und rastlos rund um die Uhr Befruchtungsportionen erzeugen. Sie bekämen dann als Frau Ihr Deputat tiefgefroren per Post zugestellt. Sie brauchen es nur noch aufzutauen und einzuführen. In der Rinder-, Pferde- und Schweinezucht wird das seit Jahrzehnten schon so gemacht.

Durch diese Ghettohaltung der Männer wäre abgesichert, dass Frauen nicht mehr von Männern belästigt werden und nachts unbehelligt in die finstersten Gefilde pilgern können, was über die Einsparung der Straßenbeleuchtung auch eine Menge Energie sparen würde. Der Kriminalität wäre der Boden entzogen.

Ob Sie das dann wirklich alles so gewollt haben, wie Ihnen das dann die *Große Mutter* dieser Matriarchatsgesellschaft zudiktiert, müssen Sie selbst wissen.

Das wird dann, wenn sich der wahre Feminismus durchgesetzt hat, bestimmt ein Leben wie im Bienenstaat. Jede Frau ist dann in den gesellschaftlichen Prozess der Volkserhaltung eingebunden, und weil keine Männchen mehr dazwischenfunken können, gibt es auch keinerlei heterosexuelle Eifersüchteleien mehr unter den Bienen. Am Tagesende, wenn alle ihre Arbeitspflichten erledigt haben, werden sich dann alle Frauen in den kuscheligen Nestern ihrer Gemeinschaftsunterkünfte zusammenfinden, um gemeinsam und entspannt den Feierabend zu genießen.

Machen Sie sich aber keine unnützen Gedanken über solche Entwicklungen. Es kommt alles, wie es kommen soll. Und wenn alle Frauen es wollen, dann sowieso. Ich empfehle Ihnen inzwischen, sich die Möglichkeiten zu Nutze zu machen, die Sie heute schon haben. Welche Rechte hat er denn noch, Ihr Mann? Wenn er etwas will, und Sie nicht, hat er schon heute keine Chance das Ihnen gegenüber durchzusetzen, ohne Gefahr zu laufen, alles zu verlieren. Wenn Sie von ihm etwas wollen, und er pariert nicht, hat er auch ganz schlechte Karten. Es spielt keine Rolle, ob er nicht will, oder nicht kann; wenn er Ihren Forderungen nicht nachkommt, dann ist er erledigt. Was wollen Sie denn eigentlich noch mehr?

Warum Sie bestimmte Dinge in diesem Ratgeber nicht gefunden haben

Nun werden Sie in diesem Ratgeber eine Menge Dinge vermissen und vergeblich gesucht haben, die für eine Frau von großer Wichtigkeit und auch tatsächlich wichtig sind.
Nur zum Beispiel:

Wie mache ich mich vorteilhaft zurecht, wie bringe ich meinen Persönlichkeitstyp am besten zur Geltung? Woran erkenne ich den aktuellen Modetrend am besten? In welchem Stil richte ich meine Umgebung am besten ein? Wie mache ich mein Umfeld darauf aufmerksam, dass ich besser bin als die anderen, mein Geschmack über allen Zweifel erhaben ist? usw. usf.

Das, liebe Ratsuchende, ist etwas worauf sich abgehobene Singlefrauen, sogenannte Gesamtkunstwerke auf ihrem Egotrip in Konkurrenz mit ihren Geschlechtsgenossinnen vorrangig stürzen.

Die glauben das beherrschen zu müssen, wenn sie auf Männerfang gehen. Das fällt für den echten Mann allerdings unter den Sammelbegriff der „Tussi", vor dem es ihm graut.

Wichtiger ist doch, wie Sie den Mann kriegen und ihn für sich abrichten. Dazu haben Sie nun ausreichend Hinweise bekommen. Wenden Sie die nun an. Was Ihnen hier also gefehlt hat, das können Sie alles mit ihm später gemeinsam in Angriff nehmen, sobald Sie ihn im Griff haben und er an

Ihrer Leine läuft. Dann haben Sie gemeinsame Zeit, die Sie damit füllen können und das ist auch alles viel einfacher, weil Sie dann zu zweit daran arbeiten können.

Vergessen Sie nie, dass Selbstverwirklichung nichts damit zu tun hat, in wie weit Sie dem Herdentrend angepasst sind, dem die meisten irrigerweise immer noch hinterherjachtern.

Für die dazu vorher erforderliche Erziehung des Mannes und seine Haltung ist das, was Sie hier vermisst haben, jedenfalls unwichtig, in manchen Fällen anfangs sogar schädlich, weil Sie dadurch von Ihrer Hauptaufgabe abgelenkt werden könnten.

Bei dem zurzeit stark ausgeprägtem Fluchtreflex der männlichen Bevölkerung vor dem Selbstbewusstsein der Frau könnte das schon jetzt zu katastrophalen Folgen für Sie führen.

Letzte Warnung vor bestimmten, bereits unrettbar verdorbenen Männertypen

Für diese Dinge, wie sie eben genannt wurden und zu denen Sie hier vergeblich Rat gesucht haben, interessiert sich nur der sogenannte „Frauenversteher".

Das ist Bestandteil seiner Jagdmethode. Indem er zielgerichtet und auch von sich aus auf diese Dinge zu sprechen kommt, die Ihnen am Herzen liegen und die er erst vorsichtig aus Ihnen heraus gefragt hat, wickelt er Sie damit ein, um bei Ihnen an sein Ziel zu kommen.

Am Ende glauben Sie dann meist nicht, dass auch Ihnen das passieren konnte, was dann anschließend alles los war und wie gerupft Sie da eigentlich nur mit Mühe wieder herausgekommen sind. Ich erwähnte es bereits *(Siehe unter Arbeitsstelle/Chef)*, wie der es beispielsweise anstellt, Sie zum Nulltarif zu benutzen.

Auch die Esoterikschiene ist nicht ganz ungefährlich. Sollten Sie dafür anfällig sein, betreiben Sie das besser nur in Gesellschaft von Geschlechtsgenossinnen.

Hat Sie nämlich so ein Guru unter dem Vorwand seiner Heilslehre einmal zu sich bekehrt, dauert es zwar meist eine gewisse Zeit, bis Sie merken, welche Art Erleuchtung Sie da von ihm wirklich verpasst bekamen. Und an welchen Stellen des weiblichen Körpers er mit welchen Methoden nach der absoluten Wahrheit gesucht hat, wird Ihnen dann sowieso nicht so neu gewesen sein. Die nachfolgende Ernüchterung kommt Ihnen früher oder später bestimmt und was Sie dann daraus gelernt haben, darüber hätten Sie sich auch schon vorher und ohne seine Hilfe klar sein können.

Das kann vielleicht ganz nett sein, sich auch einmal gezielt als Fallobst vernaschen zu lassen, aber doch nicht in Ihrem Fall.

Am gefährlichsten ist für Sie die Art Mann, der sich im Zuge des sich entwickelnden Feminismus und der Frauenemanzipation herausgebildet hat, den man anfangs einmal verharmlosend als Latzhosen-Müsliriegel-Typ bezeichnete und weiblicherseits viel zu lange als zu allem abrichtbaren Deppen ansah. Der hat überhaupt keine Illusionen mehr. Der ist austherapiert. Der hat alles schon hinter sich. Die meist alleinerziehende Mutter, das WG-Leben, in das er hineingeboren wurde, und in dem er selbst bis zuletzt hauste, entsprechende Kindergärten die sich einer antiautoritären Erziehung verpflichtet fühlten, Schulen mit dubiosen modernistischen Unterrichtsmethoden, gezielte, aber vergebliche Unterweisungen in weiblichen Handarbeiten, Bio-Ernährungsexzesse, Öko-Aufstände und auch Versuche, gelebte Promiskuität nach Hippievorbildern zu realisieren.

Der verachtet Frauen in Wirklichkeit, weil er schon sehr früh bei all den ihn zu unterweisen versuchenden Frauen mit ansehen musste, wie sinnlos-hektisch und aktionistisch manche Frau ihr Leben gestaltet, um nicht denken zu müssen.

Der ist deshalb wirklich zu nichts mehr zu gebrauchen, weil er aus eigener Anschauung Erfahrungen mit allen Erscheinungsformen der emotionalen Auswüchse hat, welche angeblich bei Frauen im Zusammenhang mit deren gestörtem Hormonhaushalt auftreten sollen, wenn das mit dem erfüllten Sexualleben nicht klappen will, und auch noch Schlimmerem. Über die alternative Szene kennt er das mit dem Kiffen, ist meist zu geizig selbst Stoff zu kaufen, sahnt aber gratis ab, wo er nur kann.

Der gibt sich erst sehr verständnisvoll und aufmerksam, bis er glaubt, Sie im Sack zu haben. Er verfolgt bei Frauen aber nur noch ganz eigene egoistische hedonistische Ziele, die er um jeden Preis verwirklichen will.

Von Wellness hat er die gleichen Vorstellungen wie Sie. Der lässt sich stundenlang von Ihnen verwöhnen, ohne auch nur daran zu denken, dass er für Sie dann eine adäquate Gegenleistung erbringen sollte.

Dabei ist er kein Weichei und schreckt auch nicht vor verhältnismäßig schweißtreibender sportlicher Betätigung oder solchen Sachen wie Extremwalking zurück, um sich auch körperlich fit zu halten.

Solange er es aus einem Subventionstopf oder über ein Spendenkonto finanziert bekommt, ist er sich für keine fortschrittliche Initiative zu schade, aber nur um selbst ganz persönlich öffentliche Aufmerksamkeit zu bekommen. Da kann er sich sehr selbstlos und umweltbewusst geben, vor allem, wenn sich das für ihn auch entsprechend auszahlt.

Der ist freundlich zu Ihnen, solange er etwas von Ihnen will und solange er auch noch etwas kriegt, zumindest aus Ihnen herausholen kann; und wenn es ihm gerade in den Kram passt, besorgt er es Ihnen auch ab und zu ganz ordentlich. Ansonsten ist der nur darauf aus sich ein schönes Leben möglichst auf Ihre Kosten zu gestalten, nichts zu tun, Ihnen die Wohnung zu vermisten, sich herumzutreiben und von vorn und hinten bedienen zu lassen.

Technisch gibt er sich unbegabt und wenn Sie ihm Werkzeug zur Reparatur in die Hände drücken, dann geht es ihm ganz gezielt kaputt.

Alles, was ihm unter die Hände gerät ist seins, wenn man sich nicht dagegen wehrt.

Der betrügt Sie, wie es ihm in die Quere kommt. Ihre besten Freundinnen hat der innerhalb von vier bis sechs Wochen alle in seinem Bett gehabt.

Der schwindelt Ihnen die Hucke voll, hört nie zu und weiß am Ende immer von nichts. Stellen Sie den zur Rede, weicht er aus, und zieht alles ins Lächerliche, wenn Sie nicht auf seine Prinzipien abfahren.

Sich für irgendetwas verantwortlich zu fühlen fällt dem selbst im Traume nicht ein.

Die Sprache benutzt er nur noch zur Täuschung über seine Absichten und um sich zu verschaffen, was er glaubt nötig zu haben. Sprüche hat der mehr drauf, als Sie sich merken können.

Seine Ansprüche befriedigt er nur auf Kosten derer, die ihn noch nicht durchschaut haben. Da ist er ganz souverän, auch bei Kleinigkeiten.

In Bezug auf seine Sachen ist dieser Typ in der voll ausgeprägten Form sehr eigen. Da geraten Sie bei ihm selbst bei Lappalien in schweren Verschiss. Der zählt täglich seine Teebeutel, wiegt die Zahnpasta nach und an seiner individuellen Zuckerdose ist unauffällig der Füllstand markiert.

Soll er etwas mit bezahlen, dann wiegt er das bis aufs Gramm genau aus. Der spart eisern, aber nur für sich. Da mag er verdienen so viel er will. Teilen ohne Gegenleistung ist ihm fremd. Wofür Sie ihm dankbar sein müssen, dafür entwickelt er ein fast enzyklopädisches Gedächtnis, aber wann Sie Geburtstag haben, das würde er sogar vergessen, wenn Sie es ihm auf die Stirn tätowieren ließen, wo er es jedesmal sieht, wenn er in den Spiegel schaut.

Er nimmt Sie einfach nicht ernst, nutzt Sie aus und wenn es bei Ihnen nichts mehr zu holen gibt, ist er fort zur Nächsten. Das kann von seiner Seite her alles sehr charmant ablaufen.

Dieser Typ hat meist eine künstlerische Ader, ob nun malend, ein Musikinstrument spielend oder dichtend.

Seine Lieder sind eingängig und die Texte lyrisch. Seine Bilder oder Skulpturen haben eine hintergründige subtile und verführerische Komplexität.

Der hat auch studiert, aber nichts Praktisches, und gibt sich intellektuell. Da haben Sie neben Naturschützern auch Soziologen oder Diplom-Archivare, sogar Sozialpädagogen.

Alles in dieser Richtung der neuen Sozio-Akademiker, die sich seit den Siebzigern des letzten Jahrhunderts fachrichtungsmäßig herauszubilden und zu vermehren begonnen haben. Die schlängeln sich mit ihrem aufgesetzten Charme aalglatt erst durch alle Prüfungen und anschließend durch alle Instanzen. Es gibt unter ihnen Lehrer für Fachgebiete, von denen Sie nie gehört haben und sogar Germanisten, welche die deutsche Schriftsprache nicht beherrschen.

Die wissen schon sehr zeitig, dass Frauen ab einem bestimmten Alter oft für jüngere Männer wie sie eine verzeihliche Schwäche haben, was sie dann skrupellos für ihr eigenes Fortkommen nutzt. Ihr Lebenstraum ist es, möglichst lange als Student eingeschrieben zu sein, ohne ernsthaft zu studieren, sich einen Abschluss zu erschleichen, anschließend verbeamtet zu werden und möglichst schnell in Frühpension zu gehen.

Sein Wohlbefinden geht ihm über alles und nimmt in späteren Jahren hypochondrische Züge an. Das vollsubventionierte ewige Leben auf Erden ist sein Ziel.

Haben Sie den zufälligerweise geheiratet, dann können Sie sicher sein, dass der sich, auch wenn er Sie verlässt, das allen und Jedem gegenüber bestreitet und sich deshalb auch aus Geiz nie scheiden lässt, um keinen Unterhalt zahlen zu müssen.

Als Frau kämen Sie nie auf die Idee, einen anderen Menschen für Ihre Zwecke so rabiat und unverfroren zu missbrauchen wie dieser Typ. Vor dieser Art Charakterschwein sei hier ausdrücklich gewarnt.

Es gibt von dieser Sorte unzählige Varianten und Spielarten. Auf welche Art und Weise es Männer anstellen, Frauen in ihr Bett zu bekommen, ohne sich mit ihnen ernsthaft auf längere Zeit einlassen zu wollen, wissen Sie selbst genug. Das kann und soll aber nicht das sein, was ich Ihnen hier vermitteln wollte.

Sie machen sich doch auch keine Gedanken, welche Tricks und Kniffe die von Ihnen erwählte Beute beherrscht, um Ihnen zu entgehen, sondern konzentrieren sich doch darauf, wie Sie es am Besten anstellen, erfolgreich zu sein.

Nur das sollten Sie lernen. Haben Sie kein Mitleid. Männer sind Schweine, Frauen manchmal zwar auch, aber das ist kein Grund, die Erziehung des Mannes nicht in Angriff zu nehmen, oder ihn nicht nutzen zu wollen, vielleicht sogar nachsichtig zu sein.

Halten Sie sich immer zur richtigen Zeit ans Wesentliche und verzetteln Sie sich nicht. Behalten Sie Ihre Ziele immer im Auge, aber tun Sie alles nacheinander. Das ist wohl das allgemeingültigste Erfolgsrezept, welches ich Ihnen mit auf den Weg geben kann. Danach funktioniert schließlich alles, wenn man Erfolg haben will.

Nachwort des Herausgebers

Der vorliegende Ratgeber entstand aus der nicht nur von mir bemerkten psychischen Notlage vieler Frauen heraus, sich in der modernen Welt zurechtzufinden. Was die Werbung ihnen einzurichtern versucht ist bekanntlich nur am Kommerz orientiert. In der Schule und den weiterbildenden Einrichtungen wird darüber nichts gelehrt, so dringend notwendig es wäre. Zu Hause in der Familie ist keine Zeit für solche Dinge und die einzelnen aufeinanderfolgenden Generationen, sogar die weiblichen Kontaktpersonen haben diametrale Vorstellungen davon, wie man das Leben richtig anpackt. Das ist auch entstanden aus dem Wust, der sich im Laufe meines Lebens in meinem Kopf zum Thema ansammelte, weil ich einmal dahinter kommen wollte, wie das eigentlich mit dem Zusammenleben von Mann und Frau funktioniert, und auch daraus, was ich im Leben beobachtete. Viele desorientierte Frauen verfallen dann aus purer Hilflosigkeit in blinde Aktivitäten und schaden sich damit selbst am meisten.

Trotz jahrelanger Suche auch in seriösen Veröffentlichungen, in der Presse und in einer Auswahl aus etlichen Kilo auf dem Buchmarkt erhältlicher oft zu Unrecht schon im Ramsch-Container befindlicher Erzeugnisse, habe ich ermittelt, dass das mit diesem Zusammenleben trotz aller gut gemeinten Ansätze absolut nicht funktioniert. Es hätte wenigstens einmal herausgefunden werden können, wie man es anstellen muss, dass es funktioniert.

Ich habe also weiter ermittelt. Dabei entstanden Analysen des Inhaltes Stunden fressender Nachmittagsunterhaltung über Beziehungsprobleme zwischen Menschen, wie sie das Privatfernsehen und auch schon das Öffentlich-Rechtliche bieten. Und nicht zu vergessen, es flossen auch meinen persönlichen wertvollen Erfahrungen in Anschauung dieser unserer schönen neuen Welt mit in diesen Wissensfundus ein. Ich versuchte es mit Exzerpten der Inhaltsauswertung von Ratgeberseiten verschiedener Frauenillustrierten und Ratgeberkolumnen zu Haushalts-, Gesellschafts- und Beziehungsproblemen des Problemkreises „Die moderne Frau in der Gesellschaft", unter Heranziehung des Hauptinhaltes einer Auswahl aus Leserzuschriften zu Haushalts- und Beziehungsthemen in diesen Medien. Kurz, alles, was mir in den letzten Jahren zum Thema so über den Weg gelaufen ist, von mir abgeklopft und für werthaltig befunden wurde, habe ich hier ideenmäßig verwurstet.

Es ist buchstäblich nichts von dem, was Sie hier gelesen haben tatsächlich auf meinem eigenen Mist gewachsen. Es ist alles nur abgeschöpfter Ideenhonig aus dem, was mir so im Laufe der Zeit zugelaufen und zugeflogen, bzw. von mir aufgelesen, ausgegraben und gesammelt wurde. Mich als Autor zu bezeichnen fällt unter solchen Voraussetzungen schwer. Ich sehe mich da als Herausgeber. Autorschaft setzt mehr eigene Ideen voraus und gerade hier bei diesem Thema ist es doch nur die Sammlung weiblicher Erfahrungen, die ich zusammengestellt habe. Im Interesse der so gewonnenen Objektivität stellt man sein Licht schon mal unter den Scheffel. Am Ende stand für mich die wenn auch schmerzliche Erkenntnis, dass nur die Frau infolge ihrer höheren menschlichen und sozialen Kompetenz imstande ist, dieses Chaos in der Geschlechterbeziehungen zu ordnen. Nicht umsonst steht am Anfang für den Menschen nach der Geburt mit Hilfe der Hebamme dann die Säuglingsschwester, die Mutter als Erzieherin, die sich mit der Horterzieherin und der Kindergärtnerin und auch mit der Lehrerin abstimmt und im Falle des männlichen Menschen später auch über die Schwiegertochter, sofern sie eine solche duldet, ihren Einfluss noch geltend zu machen versucht.

Ohne den Rückhalt ihrer Frauen gäbe es kaum erfolgreiche und berühmte Männer. Ist der Mensch krank, begibt er sich in die Hände der Krankenschwester, um dann im Alter, wenn es mit ihm abwärts geht dann von der Altenpflegerin zu seinem Ende hin begleitet zu werden. Es ist demzufolge nur logisch, einen Ratgeber nur für Frauen, betreffend den Mann herauszugeben, damit das auch klappt. Alles andere führt von der Erreichung des angestrebten Zieles weg, wäre unnütze Verschwendung von Geisteskraft.

So kam ein fast unübersehbarer Berg von Einzelnotizen zusammen, den ich keiner Frau als Grundlagenlesematerial für ihre Erziehungsarbeit zumuten würde. Um die praktische Verwendbarkeit zu gewährleisten, erfolgte dann durch mich eine Verdichtung des Textes auf ein Minimum, was, wie Sie bestimmt bemerkt haben, zu klaren und in manchen Fällen zu überraschenden und vielleicht sogar ungewollt erkenntnisreichen neuen Aussagen führte, die Ihnen oft ungewohnt erscheinen mögen. Die Verständlichkeit wurde durch diese Eindampfung auf das Wesentliche für Sie auf alle Fälle verbessert. Wo mir bei bestimmten aufgefundenen unbewusst angewendeten Methoden der Erziehung die erklärend-belehrende Aussage der Basistexte zu fehlen schien, habe ich sie aus meiner Sicht vervollständigt, denn ohne begründbaren Sinn oder Absicht werden sie wohl nicht sein.

Falls Ihnen die Systematik der Gliederung etwas zu fehlen schien, dann bedenken Sie, dass das wirkliche Leben auch so ist. Man kann zwar systematisch an etwas herangehen, aber die Realität in ihrer Vielfalt überrollt einen am Ende doch. Nur Pedanten bestehen auf ihrer Ordnung und sie verpassen in ihrer Sturheit dabei die ganzen interessanten Schnörkel des Unerwartbaren und das Unvermuteten des Lebens, die ihnen begegnen. Sofern Sie bisher umfangreichere Ratgeberliteratur bevorzugten, werden Sie feststellen, dass

Sie hier oft auf einen Satz zusammengefasst finden können, was da sonst auf mehrere Seiten oder sogar Kapitel ausgewalzt wird.

Wenden Sie das, was Sie glauben verwenden zu können schöpferisch an und kleben Sie dabei nicht am Buchstaben. Wichtig ist doch letztendlich nur der erzielte Effekt. Irgendwelche Garantien für die Richtigkeit und den Erfolg der vorgeschlagenen Methoden kann sowieso nicht übernommen werden. Sicher ist jedenfalls, dass diese Sachen nicht öffentlich in der Presse, deren Ratgeberteil oder auch unter der Rubrik „Vermischtes" verbreitet würden, wenn ihre Wichtigkeit und Wirksamkeit nicht nachweisbar verbürgt wäre. Manche Illustrierte bringt pro Jahr je nach Kalender bis zu 52 verschiedene Erfolgsdiätenvorschläge und man hat nie gehört, dass es da zu irgendwelchen Beschwerden gekommen wäre. Im Gegenteil, der Absatz solcher Presseerzeugnisse ist gerade infolge dieser Vielseitigkeit immer gesichert. Lesen Sie diese Sachen auch weiterhin, wenn es Ihnen Spaß macht und verinnerlichen Sie das Wichtigste. Man lernt schließlich im Leben nie aus.

Auch wenn Ihnen dieser Ratgeber äußerst suspekt erscheinen mag; wir, also Frauen und Männer, sollten froh sein, dass die überkommenen Anschauungen unserer Voreltern im Verblassen sind. Da wurde noch streng getrennt. Ein Mann hatte seine Ehre, und eine Frau höchstens einen Ruf den sie zu verteidigen oder zu bewahren hatten. Darauf baute dann alles andere auf. Zu welchen spießigen Auswüchsen das führte davon geben die Romane und Gedichte vergangener Zeiten ausreichend abschreckendes Zeugnis.

Allerletzter Hinweis

Bekanntlich lesen alle Frauen, also auch Sie, immer zuerst das Schlusskapitel, zumindest die letzten Seiten, bevor sie sich entschließen, ein Buch eventuell zu kaufen. Bestreiten Sie das bitte nicht, Sie wären sonst keine Frau. Deshalb hier das Allerwichtigste an dieser Stelle, wie Sie es auch schon im Vorwort finden:

Dieser Ratgeber wendet sich besonders an bindungswillige Singlefrauen, die einen realistischen und illusionslosen Weg zu ihrer Selbstverwirklichung wählen möchten.

Er ist gleichzeitig geeignet zur Selbsterziehung sowie zur Erziehung des Mannes auf dem zweiten Bildungsweg über die Frau. Und unter Berücksichtigung der individuellen Umstände ist er auch allgemein als Schulungsmaterial für Frauen der Altersgruppe 18 bis 39 Jahre zur eigenen Weiterbildung zu empfehlen. Besonders ist seine pädagogische Wertfreiheit hervorzuheben. Was Ihnen als Frau vielleicht blüht, wenn Sie sich an die empfohlenen Hinweise halten, dafür steht der Autor und Herausgeber nicht gerade. Dafür sind Sie dann selbst verantwortlich. Es kann sein, dass Sie meine Darstellungsweise des abgehandelten Stoffes nicht immer nachvollziehen können und auch nicht immer eine Antwort auf eine konkrete Frage gefunden haben.

Blättern Sie ruhig weiter ab und zu in diesem Ratgeber. Eins ist sicher: Jedesmal wenn Sie ein neues Problem haben sollten, dass Sie ab und zu einen Tipp zu einer Sache finden werden, an die Sie beim ersten Überlesen überhaupt nicht gedacht hätten, oder einen Hinweis auf eine Lösung erhalten, die Sie noch gar nicht kannten. Das kommt Ihrer Kreativität entgegen.

Deshalb hat dieser Ratgeber auch kein Inhaltsverzeichnis, kein Sachregister und auch kein Stichwortverzeichnis.

Georg Naundorfer

Die Arglosen in Ägypten

ISBN 978-3-8370-3784-5

Impressionen einer Reise mit wirklich allen Schikanen

*

Georg Naundorfer

Die hausbackene Diktatur

ISBN 978-3-8391-1430-8

Von politischen und anderen Schelmenstücken

Ein essayistischer Langzeitreport

*

Georg Naundorfer

Der Jesus von Nazareth
des Judas Iskariot

ISBN 978-3-7347-3816-6

Eine kriminalistische Ermittlung

auf den Spuren der Apostel

*

Weitere Bücher Georg Naundorfers
im Buchhandel

Außerdem unter

www.georg-naundorfer.de

im Internetbuchhandel